仕事で「ミスをしない人」と「ミスをする人」の習慣

1000社を超える組織のコンサルティングを通して、事務改善&業務効率化を実現させてきたその手法

藤井美保代
fujii mihoyo

はじめに

「どうすればミスのない仕事ができるのか？」

これは、仕事をするうえで、誰しもが持つ、大きな関心事です。ひとたびミスが起こってしまうと、やり直すという二度手間が発生するだけでなく、お客様、上司、同僚、関係部署に迷惑をかけてしまい、場合によっては、信頼低下や取引停止にもつながりかねません。

私は、多くの企業で研修・コンサルティングを通じて、業務の生産性向上支援をしていますが、いろんなパターンのミスを目にするなかで、ちょっとした工夫をするだけで、防げたミスが結構あるように感じています。

宛先を間違えてＦＡＸを送ってしまったために、１億円の仕事を失注した会社や、たった１本の電話応対の不備で、１００年以上取引をいただいていたお客様から取引を中断された会社があるそうです。

信頼を築き上げるには時間がかかりますが、崩れ去るのは一瞬という、怖さを実感する出来事です。

とはいえ、ことさらミスを恐れたり、「ミスをする自分はダメな存在だ」と落ち込む必要はありません。

本書では、考え方や、情報の扱い方、段取り法など、日々のなかでとり組めるミスゼロの工夫や習慣を、ミスをする人、しない人との対比でお伝えしています。

一つひとつの項目を読み進めていけば、皆さんの仕事にとり入れていただけるものも、きっと多くあるはずです。

事例を載せたほうがいいと思い、ミスゼロを目指している人、職場がとり組んでいる工夫もたくさん盛り込みました。

「ミスがどうしてなくならないのだろう」と嘆くのではなく、「どうすればなくせるだろう」と発想の転換をして、楽しみながら実践してみてください。

また、この本を読んでくださる方のなかには、新入社員の方もいらっしゃると思います。

まず、「人はミスをするものだ」という前提に立ったときだからこそ、未然にミスを防ぐ工夫が必要になってきます。たとえミスが起きたとしても、どうすれば再発防止ができるかを考えることで、同じミスをしなくなります。どうぞ怖がることなく、仕事にとり組んでください。

さて、働き方改革の一環として、残業ゼロを推進する動きは加速していますが、あなたの職場はいかがでしょうか。現状は、仕事に追われ、定時に帰れるどころか、残業は増える一方、という職場もたくさんあります。

また、強制的に定時退社を求められ、急いで仕事を行うあまり雑になってしまい、ミスが頻発したり、質の低い仕事になっていることもあります。

質とスピードの両方が求められるなかで、疲弊している人も少なくありません。

しかし、当たり前のように行っている日常業務のなかには、たくさんのムダが潜んでいます。

身近なムダをなくし、集中できる環境のなかで、サクサク仕事をすることで残業時間も減り、それが豊かな発想を生み出し、新たな価値創造にもつながることでしょう。

会社全体で見れば、チームの連携がよくなる、コスト意識が高まる、時間を効率的に活用することで、チームの生産性が向上するなどの効果も期待できます。

そのためには、仕事を俯瞰してみることも大切です。

「この仕事は全体の流れのなかでどういった役割をはたしているのだろう？」

「次の人が受けとりやすいバトンを手渡すにはどうすればよいだろう？」

こういった視点が、チームでミスなく仕事を進めるうえでは欠かせません。

最後に一つ、お伝えしたいことがあります。

「ミスをなくす」というのは、徹底的に効率を追求し、マシンのように無機質に働く、ということではありません。

すべての中心には「人」がいます。どんなに高性能の仕組みやシステムをとり入れても、それを運用するのは「人」です。楽しみながら「ミス減らし」を実践することで、自分基点でよい流れをつくり、自信を持って仕事ができるのです。
本書がそんなきっかけになれば幸いです。

2018年4月
株式会社ビジネスプラスサポート

藤井美保代

○もくじ　仕事で「ミスをしない人」と「ミスをする人」の習慣

第2章 ▼▼▼ 情報編

第3章 ▼▼▼ 段取り編

第4章 ▼▼▼ 整理整頓編

第5章 ▼▼▼ コミュニケーション編

○カバーデザイン　ＯＡＫ　泉　佳子

第1章

考え方編

01 ミスをしない人は記憶力に自信がなく、ミスをする人は記憶力に自信がある。

記憶力のいい人と、記憶力の悪い人。ミスをするのはどちらだと思いますか？

記憶力の悪い人は仕事で間違いが多く、一方で記憶力のいい人は、仕事を正確に手際よく進めることができると思うかもしれません。

ところが実際は、記憶力のいい人のほうが、もっと正確に言えば、**自分の記憶力に自信がある人のほうが、ミスをしやすい**のです。

「エビングハウスの忘却曲線」という有名な理論があります。記憶はどれくらいのスピードで忘れられていくのかを実験で示したものです。

それによると、人は一度記憶したことを20分後には42％も忘れてしまうそうです。

では、一晩経ったらどうでしょう。翌日にはなんと74％のことを忘れてしまうそうです。

このことからもわかるように、人の記憶はあてにはなりません。**人間はそもそも忘れやすい動物なのです。**

私たちの日々の仕事は、複数の作業を同時に進めるマルチタスクが基本です。

たとえば、「明日までにA社に見積もりをメールして」と上司から口頭で指示されたとします。「忘れずに必ず明日までにやろう」と心に留めておいても、割り込み仕事が入ったり、電話で緊急の問い合わせに応えたりしているうちに、うっかり忘れてしまった、ということになりかねません。

ただでさえ大事な情報が仕事の波に呑み込まれやすい環境なのです。そこで仕事をしていれば、いくら記憶力に自信がある人でも、うっかり忘れることは避けられないのです。

「ミスをしない人」は、自分の記憶力を過信しません。大事なことはすぐにメモをとり、仕事に生かそうとします。

では、ここで、メモのとり方のコツを紹介しましょう。

まず、1冊のノートを用意します。**メモはすべてこの1冊にまとめる**ようにします。ポケットサイズの雑記帳なら、つねに携帯でき、指示を受けたらその場でメモできるので便利です。付せんをメモ帳代わりにする場合でも、書いた付せんをどこか適当な場所に貼ると忘れてしまうので、1冊のノートにまとめて貼るようにします。

また、**メモは書いただけで行動に移さなければ意味がありません。**「いつやるか」に落とし込むことが大事です。

たとえば、指示された作業をその日のスキマ時間に片づけてしまえるなら、「スキマ時間にやることリスト」に書き写します。あるいは、今週中に終えればよい作業なら、1週間のうちで「いつやるか」を決め、スケジュール帳に記入します。

このように、実践に落とし込んでこそ、メモははじめて役に立ちます。

メモをとるという行為は、物事を適当に流さず、**一つひとつのことにきちんと向き合おうとする姿勢の表れ**だと私は思います。

それに対して、メモをとらない人は、「メモをとらなくても、覚えているから大丈夫」

と自分の記憶力を過信する気持ちがあるのではないでしょうか。そういう人は、仕事にとりかかるときも、「なんとかなるだろう」と自分を過信して、十分な準備や段取りを怠りがちです。その結果、途中で暗礁に乗り上げてしまうことにもなりかねません。

著名な経営者にも、〝メモ魔〟の方がたくさんいらっしゃいます。

ＧＭＯインターネット株式会社の熊谷正寿・代表取締役会長兼社長もその一人。経営者の話や本など感銘を受けた言葉は、忘れないように必ずメモしているそうです。

熊谷氏は、ある取材に答えて、こうおっしゃっています。

「**人と話をするときにメモ帳を広げない人を、私は信用しないんです。**私の話をどの程度聞いているんだろうか、と疑ってしまいます」

「ミスをしない人」を目指すには、まずはメモをとる習慣から始めてみてはいかがでしょうか。

01 ミスをしない人は、大事なことはメモをとり、仕事に生かす！

02 ミスをしない人は朝余裕を持って出社し、ミスをする人は時間ギリギリに駆け込む。

あなたは、朝は20分前には会社に着くように家を出るタイプですか？

それとも、20分前に会社に着く余裕があるなら、ギリギリまで寝ていたいと思うタイプですか？

ここにも「ミスをする人」と「ミスをしない人」の違いが表れています。


「ミスをしない人」は、朝の余裕を大切にします。

20分の余裕を持って家を出る人は、通勤ラッシュの混雑で多少電車が遅れても、「時間に間に合わないかも」と焦る必要はありません。

「今日はどんな順番で仕事を進めていこうか」

「課長は午後から外出だと言ってたな。あの件は朝のうちに確認しておこう」

その日1日の仕事がミスなくスムーズにはかどるように、通勤電車のなかで仕事の流れをシミュレーションしておくことが大事です。

「段取り八分」という言葉があるように、**仕事がミスなく滞りなく進むかどうかは、どれだけきちんと段取りが考えられているか**で決まります。朝は少し早めに家を出ることで、その日1日の仕事を俯瞰して考える心の余裕が生まれます。

一方で、始業時間にギリギリ間に合うように家を出る人は、そういうわけにはいきません。「何時何分の電車にうまく乗り継げなければ、会社に遅れてしまう」と気が気ではなく、仕事の段取りを考える余裕などありません。

そういう人は、駆け込みセーフで自分の席に着き、とりあえずパソコンを開きます。同僚がすでに仕事にとりかかっているのを見て、メールチェックのようなすぐにとりかかれる仕事から始めようとするでしょう。

そうやって手当たり次第に仕事を片づけていった結果、気がついたら納期の迫った仕事が手つかずに残っていた、というのはよくあるパターンです。

「会社には間に合えばいい」という考え方には、**会社に着いてからの1日をどう過ごすかという視点が欠落**しています。1日の段取りを考えないまま仕事を始めれば、ミスを招くのは当然です。

また、仕事を始める前にほっとひと息つく時間があることも、ミス防止には効果的です。出社してすぐにいきなり集中力を高めて、仕事モードに入れるものではありません。その隙をついて、ミスは起きるものです。

20分あれば、おいしいコーヒーを自分のために淹れることができます。パソコン作業に備えてハンドマッサージをすれば、指にはツボがあるので脳も活性化します。そうするうちに仕事に向かう気持ちが徐々に高まっていくでしょう。

1日を気持ちよくスタートできるかどうかは、仕事でのミスの有無や生産性に大きく影響を与えます。「ミスをしない人」は、その辺をよく心得ています。1日の仕事が始まる前に**「自分をごきげんにする時間」**を持ち、心と体の状態を整えることを日課としているのです。

それから、朝一番に何の仕事から始めるかも重要なポイントです。

「ミスをしない人」は、**午前中に集中力の必要な仕事**を意識して組み込みます。企画書や提案書の作成、数字や計算の間違いが許されない請求書作成、受発注業務などです。

これは脳科学的な見地からみても、理にかなっています。

作業療法士の菅原洋平氏によると、**脳の活動が最も活発になるのは、起床から４時間後**だそうです。つまり、６時に起きる人は、午前10時が最も頭が冴えています。

この時間帯をどう使うのかも、「ミスをしない人」と「ミスをする人」の分かれ目と言えそうです。

「朝を制するものは、１日を制する」

たった20分早く家を出るだけで、１日の仕事の流れを俯瞰する余裕が生まれ、段取りよく仕事を進めていくことができます。

反対に、ギリギリまで布団から出ずに睡眠時間を確保したとしても、朝を慌ただしく過ごして１日のペースを崩してしまっては、元も子もありません。結局、残業で帰りが遅くなり、睡眠時間が削られるという悪循環を生んでしまうのです。

02 ミスをしない人は、気持ちよく１日をスタートする術を心得ている！

03

ミスをしない人はダブルチェックを疑い、ミスをする人はダブルチェックして安心する。

ミスを防ぐために、ダブルチェックをとり入れている職場は多いと思います。

たった一度のチェックで終わらせずに、別の人がチェックしたり、時間や場所、視点を変えて二度チェックするのがダブルチェックです。

しかし、ダブルチェックを行ったからといって、ミスがなくなるわけではありません。

ある金融機関では、ダブルチェックどころか、6人がかりでチェックしても、ミスが発生したという話を聞きました。なぜ、このようなことが起きるのでしょうか？

それは、ダブルチェックを習慣化した結果、チェック自体の質がよくなく、いい加減なダブルチェックが増えているからだと思います。

また、**過剰なチェックに時間をとられるあまり、本来やるべき仕事に時間をかけられず、**時間が足りないから、焦ってミスがくり返される……。こうした弊害も多くの職場では見過ごされがちです。

ある建設会社での話です。ここは以前、ＦＡＸの短縮ダイヤルの押し間違いによる送信ミスで、大型受注と顧客の信頼を失う大失態が起きていました。そのときの反省から、ＦＡＸを送信する際には一人が番号を読み上げ、もう一人が番号を押すという、人の手によるダブルチェックをルール化しました。

ところが、それでもミスはなくなりません。聞き間違えや言い間違えなどのミスを防ぐことができなかったのです。それに、ＦＡＸ送信のたびに二人分の手を煩わせるこのやり方が、あまりにも非効率でした。

そこで考えたのが、同じ番号を二度押さなければ送信できないシステムへの変更です。つまり、ＦＡＸの機械にダブルチェックしてもらうことにしたのです。

それからというもの、この会社では二度とＦＡＸ送信ミスは起きていないそうです。

この話からもわかるように、「ミスをしない人」は、**「ダブルチェックさえすればミスが防げる」とは考えていません。**「これがベストな方法なのか」と、ダブルチェックそのものにも疑いの目を向けています。このようにやり方そのものを見直し、より効果的な方法に変えていくことが大切なのです。

ダブルチェックのやり方を見直すうえで役に立つのが、次に掲げる「改善の8原則」です。

①廃止（やめると何が困るのか）
②削減（減らすと何が困るのか）
③標準化（標準化して効率化できないか）
④機械化（機械化して人の作業を減らせないか）
⑤容易化（簡単にできないか）
⑥計画化（計画を立てることで効率化できないか）
⑦同期化（均等にならすことで効率化できないか）
⑧分担検討（分担を変えることで効率化できないか）

先に紹介したＦＡＸ送信における工夫は、４つ目の「機械化の原則」、すなわち「機械化によって人の作業を減らせないか」という視点での着想でした。

ではここで、「改善の8原則」のいくつかを例に、ダブルチェックの工夫を考えてみます。

まず、「廃止の原則」です。この原則に従えば、仕事自体の必要性を見直すという着眼点も見えてきます。**「その仕事は何のため、誰のためか」**を考え、やめて困らない仕事であればやめてみる。これによって、ムダな仕事そのものをなくせるかもしれません。

「削減の原則」では、なんでもかんでもダブルチェックするのはやめて、大事なポイントに絞ることで、効率化を図ることができます。

「容易化の原則」の視点で考えれば、たとえば数字の計算では、エクセルなどの自動計算を活用することで、面倒な手計算をしなくてすみます。

「計画化の原則」では、あらかじめ「この時間はダブルチェックにあてる」と決め、集中できる環境で作業することで、ダブルチェックの精度を格段に上げることができます。

ダブルチェックは、それだけでミスが防げる魔法の杖ではありません。ここで紹介した「改善の8原則」の考え方を参考にしながら、**あなたの職場に合ったやり方**でダブルチェックを見直してみてはいかがでしょうか。

03 ミスをしない人は、ダブルチェックを一工夫している！

04

ミスをしない人は先送りをポジティブに撃退し、ミスをする人はネガティブに引きずられる。

「なんとなく苦手だな」「とっつきにくいな」と感じる仕事は、つい先送りしてしまうもの。私も先送りの誘惑を感じることがあります。集中力が必要なうえに、時間もかかるため、一筋縄でいきそうにない仕事は、とりかかるのが億劫に感じてしまいます。

しかし、苦手だからといって先送りしていると、どうなるでしょうか？　ぐずぐずしているうちに、納期が迫ってきます。十分な時間がとれないまま質の低い仕事になるか、納期に間に合わなくなるのは明らかです。手に入れたいゴールがあっても、それを手に入れることができなくなります。

「これを先送りすれば、自分にどんな不利益が待ち受けているのか――」

先の展開を冷静に判断できれば、先送りするのを思い止まることができるはず。こうした想像力の欠如が、先送りの大きな原因の一つです。

「ミスをしない人」は、先送りがもたらすネガティブな未来を想像できるだけでなく、すぐにとり組むことで拓けるポジティブな未来に思いを馳せられます。

先送りしがちなのは、入力作業やメール送信などの単純作業よりも、提案書や企画書の作成など、頭を使って新たな価値を生み出すナレッジワークが多いでしょう。

これらは、いわゆる「未来をつくり上げていく仕事」です。

「ミスをしない人」は、**その仕事を成し遂げた先の未来を思い描くのが得意**です。これが成功したら、お客様にもっと喜んでいただけるかもしれない。働く人たちがもっと幸せになるかもしれない――。

幸せな未来を早く実現したいと思うからこそ、臆せず最初の一歩を踏み出すことができます。そのぶん、手に入れたいゴールにも近づくことができるのです。

じつは私自身、未来へのワクワク感に導かれて今の仕事を始めました。

最初に事務改善のテーマで研修依頼をいただいたとき、正直なところ、私にはこの分野の知識もノウハウもありませんでした。唯一あったのは、「これはきっと、働く人たちを幸せにする仕事になるに違いない」という予感です。動物的勘とでも言うのでしょうか。

思い描いた心ときめく未来像が、私の背中を押してくれたのです。

そもそも、企画書作成のような仕事を苦手だと感じるのは、一度に全部を仕上げようとするからです。大きな塊のまま、とり組もうとすれば、「なんだか大変そう」「どこから手をつけていいかわからない」と億劫に感じるのも無理はありません。

一方、苦手なことにもすぐとり組める人は、**大きな仕事の塊を小さな塊にほぐしてから、一つずつとりかかります。**そこが大きな違いです。

大きな塊を小さく分解することを、**「チャンクダウン」**と言います。

たとえば企画書を作成する場合、「コンセプトを考える」「概要を書く」「本文を書く」「スケジュールを作成する」のように項目ごとに細かく分解します。

それによって、やるべきことが明らかになり、「一つずつとり組めば完成する」という見通しも立ちます。そうして早めに着手できれば、より質の高い仕事を成し遂げることができるのです。

仕事をチャンクダウンしたら、**あれこれ考えずに「まずはやってみる」。**これも「ミスをしない人」に共通する行動習慣です。

はじめは気乗りしなくても、やっているうちにリズムに乗ってきて、サクサクと仕事が進むことはよくあります。反対に、始める前から「ああでもない、こうでもない」と思い悩むことで、必要以上に物事を難しくとらえてしまい、足踏みすることもあるでしょう。

「やる気は高めるものではなく、迎えにいくものです。とりあえず始めてみて、意外にもスムーズに進んだなという経験が積み重なれば、それが習慣化されていきます」

脳研究者の池谷裕二氏もこう話すように、苦手なことにもすぐにとり組める力は、くり返し実践することで身につくスキルです。

「気分が乗らないな」と思っても、**まずは小さな塊から手をつけてみてください。**意識してやり続けることで、誰でも「先送りしない人」になることができます。

04 ミスをしない人は、ワクワクする未来を想像し、まずはやってみる!

05 ミスをしない人はキリシメを意識し、ミスをする人はダラダラと仕事をする。

「今日中に提案書を書き上げなければならない。ギリギリ時間に間に合うかどうか——」

そんなとき、あなたならどうしますか？

休憩時間も返上して、ひたすら提案書と格闘しますか？

それとも、ランチくらいはゆっくりと同僚との会話を楽しみますか？

期日が迫っていたり、仕事が立て込んだりすると、使える時間はすべて使って仕事を進めたくなります。

しかし、あいにく、**人間の集中力は長くは続かないものです。**

一つのことを長く続けていれば、そのうちマンネリ化し、集中力が途切れてきます。注意力が散漫になってダラダラし、細かい数字の見落としや、ヌケモレ、入力ミスなどが生じます。作業スピードも落ちて、期待する成果を得られません。

「ミスをしない人」は、**ひたすら走り続けることは不可能だと知っています。**だからランチもしっかり味わうし、仕事の合間に雑談に興じることもあります。

「そんな余裕があるのか」というまわりの心配をよそに、本人は仕事の質とスピードを両立させて、ミスなく仕事を成し遂げていきます。それができるのは、集中力の波にうまく乗る方法を心得ているからです。

集中力が高まるのは、仕事がノッているときです。

好きな仕事にとり組んでいるとき、時間が経つのも忘れて没頭した経験はありませんか。そのような集中状態を意識的につくり、その波に乗ることができればしめたものです。いかに仕事にノレる状態を生み出すかは、「キリがいいところでシメる」の「キリシメ」を意識するのがポイントです。

たとえば、企画書作成のようなボリュームのある仕事の場合、前項でも述べたように、小さな塊に分解するチャンクダウンが効果的です。小さな塊を一つ終えるごとに、「概要は書けた。はい、次!」と一呼吸ついて、キリシメを意識します。

そうすることで、達成感という名の報酬を得ながら、新鮮な気持ちで次の塊にとりかかることができます。

また、同じ仕事をずっと続ける場合でも、ときどき目先の違う仕事を組み込んで、メリハリをつけることで集中力が持続しやすくなります。

「ポロモード・テクニック」という時間管理術があります。タスクを短い時間単位に分割し、間に休憩をはさむことで、集中力を持続させる方法です。「25分業務を続けたら、5分休憩する」というサイクルをくり返すのが一般的です。

ただし、25分ごとに5分休むと、塵も積もればかなりの休憩時間になるので、ここでは5分間の休憩の代わりに、目先の違う仕事を組み込むことを推奨したいと思います。

一例として、請求書の作成を集中して行う場合を考えてみます。

25分続けて作業したら、次の5分は、請求書の送付に使う封筒の枚数を数えるなどして、郵送の準備に使います。封筒に「請求書在中」のハンコを押す作業でもいいでしょう。

コツは、**メインで行う業務に関連があり、頭を使わずに簡単にできる作業を組み込むこと。**関連する作業がなければ、キャビネットの引き出しのなかを整理したり、ＦＡＸが届いていないか確認したりするなど、動きのある作業をとり入れるのもおすすめです。

このように、目先の違う仕事を組み込むことで、脳につかの間の休息を与え、気分を切り替えて、頭をシャキッとさせて次の仕事にとり組むことができます。こうした**メリハリが、ミスをなくすには効果的**です。

特に、数字や計算の間違いが許されない仕事は、ミスが甚大な損害や深刻な信用問題に発展しかねません。

たった一つのミスで、ミスをした本人のみならず、会社全体の評価がゼロに落ちてしまうことがあります。まさに「100－1＝0」なのです。

「ミス＝イメージダウン＝顧客離れ」につながるような仕事は特に、メリハリやキリシメを意識した仕事のやり方を心がけたいものです。

05 ミスをしない人は、集中するためにひと息つく！

06 ミスをしない人は柔軟性があり、ミスをする人は思い込みが激しい。

友人と兵庫県の「尼崎駅」で待ち合わせしたときのことです。

私は「JR尼崎駅」で友人を待っていました。一方、友人が向かった先は「阪神尼崎駅」。携帯電話のなかった時代なら、お互いに会うことはできなかったでしょう。

恥ずかしながら、私の頭には「尼崎と言えばJR」という認識しかありませんでした。「もしかしたら、JRのほかにも尼崎駅があるかもしれない」と別の可能性を想像し、友人に確認していたら、お互いの勘違いに気づくことができたかもしれません。

「これはこうだ」という思い込みが強いと、視野が狭くなります。正しい判断をするための情報が少なく、勘違いや誤解によるミスが起きやすくなるのです。

「ミスをしない人」は、思い込みにとらわれない柔軟な思考を持っています。

柔軟な思考とは何かというと、これに必要な要素は三つあります。

一つ目は、**「観察力」**です。

思い込みの激しい人は「ここ」しか見ていませんが、柔軟な思考の持ち主は「あっちこっち」に意識が向きます。職場でも「課長、なんか忙しそうだな」「いま、そんな動きがあるんだ」などと**まわりの様子にも興味津々で、細かく目を配っています。**

じつは先ほどの「尼崎駅」にまつわるアクシデントも、私がもっと意識してまわりを観察していれば、自分の思い込みに気づくチャンスはありました。というのも、私は定期的に阪神線を利用していて、「阪神尼崎駅」を通っていたのです！

なぜ、通過していながら気づかなかったのかわかりませんが、おそらく別のことに没頭していたのでしょう。外の景色を楽しむとか、もっとまわりに関心を持って目を向けていれば、「阪神線にも尼崎駅がある」ことに気づき、「尼崎＝ＪＲ」の思い込みを払拭できていたはずです。

柔軟な思考に必要な二つ目の要素は、**「傾聴力」**です。

柔軟な思考の人は好奇心が旺盛なので、相手の話に興味を持って耳を傾けます。これが傾聴力です。

相手の何気ない一言にも「それはどういうこと?」と関心を示すので、相手もつい話してしまいます。だから、とっておきの情報が耳に入ったりします。また、顧客の要望も聞き出すのが上手いので、満足のいくサービスを提供できて、顧客の信頼も厚いのです。

一方、**思い込みの激しい人は、あまり人の話を聞いていません。大事な話も右から左へ流してしまいます。**「ああ、はいはい、わかりました」と生返事をして、

その結果、相手の期待どおりの仕事ができなかったり、意図に反する出来栄えになったりと、傾聴力の低さによるミスも頻発しています。

三つ目は、**「想像力」**です。つまり、**先の展開を想像する力**のことです。

「これがこうだから、あれはこうなる」と物事の前後関係や全体感を想像できる人は、気がきく仕事ができます。**気がきく人は、ミスを未然に防ぐ力も高い**と言えます。

たとえば、外出先から戻ってきた同僚に対し、「さっきのミーティングで出たあの話をまだ知らないだろうから、知らせておいたほうがいいな」と同僚の立場になって想像し、気のきいた働きかけをすることで、情報共有ミスを防ぐことにつながります。

ただ、何事にも一長一短があるように、思い込みの強さも、見方を変えれば「脇目もふらず物事にとり組める」という長所ととらえることもできます。

たとえば、やり方が決まった定型的な仕事や単純作業は、あちこちに興味関心が向く注意散漫な人よりも、「これ」だけを見て猪突猛進する人のほうが、作業スピードは断然速くなります。

スピード最優先の時代なら、それでもよかったのかもしれません。

ところが最近は、スピードも大事ですが、状況に応じた対応が必要な仕事や、個別に判断が求められる仕事が増えています。そのような状況で、「これはこういうものだ」という思い込みで対応すれば、間違った判断や質の低い仕事を招き、顧客の不満や怒りを買うことにもなりかねません。

それに、**定型的な仕事は、いずれAIにとって代わられる可能性も大**です。

これからの時代を生き抜いていくには、なおさら、思い込みをとっ払った柔軟な思考を身につける必要があるのです。

06 ミスをしない人は、すぐれた観察力、傾聴力、想像力を持っている！

07 ミスをしない人は「ちゃんと」仕事をし、ミスをする人は「ま、いっか」で仕事をする。

「あの人はちゃんと仕事をしてくれる！」

こう評価するとき、「ちゃんと仕事をする」という言葉は、「納期を守る」「要望どおりに仕上げる」「質の高い仕事をする」などの意味で使われているのではないでしょうか。言い方を変えれば、「ミスのない仕事をしてくれる」ということです。

反対に、「いい加減な仕事をする人」の行動をよく観察してみると、**「ま、いっか」で仕事をし、その結果、ミスを招いている**ことがたびたび見受けられます。

たとえば、今日中に連絡するはずが、うっかり忘れて会社を出てしまったとします。「もう時間も遅いから、先方も会社にいないかもしれない。明日でもいいか」勝手な判断で放置しておいたら、相手は連絡が来ないから次の工程に進むことができなかった――。

約束を守らずに相手に迷惑をかければ、それは重大なミスです。

「ま、いっか」で流してしまうのは、本人の「いい加減な性格」が原因なのでしょうか。

もちろん、それも理由かもしれませんが、それだけではないと思います。

一番の問題は、仕事に対するゴールイメージがないことです。上司や顧客から示されていないのか、自分自身の認識があいまいなのか、ゴールイメージが欠如しているために「この程度でいいか」と適当なところで手を抜いてしまい、ミスを引き起こすのです。

一方、「ミスをしない人」は、ゴールイメージが明確です。

「この仕事においてあるべき姿はこれ」という到達点にブレがないので、納期や仕事の質、顧客の要望など重要事項に関して、「この程度でいいか」と適当に流すことはしません。

自分にとってのゴールはもちろん、チームが目指すゴールイメージも大事にします。

そして、ゴールイメージから逆算して、何をやるべきかを考え、あらゆる手を尽くしてゴールを達成しようとします。

先ほどの例で言えば、約束の連絡を忘れていることに気づいたら、会社に戻って対応するか、会社に連絡して同僚に対応を依頼するかの対策をとるはずです。

「ミスをしない人」と「ミスをする人」では、自分の役割認識にも歴然とした差があります。

「ミスをしない人」は、「自分に期待されている役割は何か」「自分が役割を果たさなければ、まわりにどんな不都合を及ぼすのか」を正しく理解しています。

たとえば、上司のスケジュール管理と、それに付随する準備、手配を任されている場合、その仕事はたんなる上司のスケジュール管理ではありません。「自分の役割は何か」を考えれば、「上司が本来の仕事に時間とパワーを注げるようサポートする」ことだと気づくはずです。仕事に対する責任感も生まれ、相手にも喜ばれる仕事をすることができます。

ところが、自分の役割を理解していない人は、「自分が間違っていても、上司も自分で確認するだろうから問題ないだろう」と無責任な甘えが顔を出します。**自分の役割を理解していなければ、相手の期待に応える仕事をすることはできません。**

まとめると、「ミスをしない人」は、「ま、いっか」ではなく、「ちゃんと」仕事をします。ちゃんとした仕事とは何かと言うと、**「目的に沿ってヌケモレなく、自分も相手も納得・満足できる仕事」**、これが私なりの定義です。

また、「ま、いっか」の習慣は、ミスの原因になるだけでなく、自分の成長にもマイナスです。

子どもの頃、垂直跳びをしたときのことを思い出してみてください。1回目のジャンプの到達点よりも、5センチほど高い地点に目印をつけて、もう一度挑戦します。すると、届くことがあるのです。つまり私たちは、**少し高い目標を掲げることで自分自身を超えていく可能性を秘めた存在**だということです。

しかし、「ま、いっか」で仕事をしていると、自分のポテンシャルを引き出すどころか、それに蓋をしてしまいます。自分の最大の応援団であるはずの自分自身が、自分の可能性の芽を摘んでしまうのは、とても残念なことです。

「ま、いっか」をなくすには、**仕事におけるゴールを明確に意識する**ことです。ゴールイメージから逆算して何をすべきかを考え、行動すれば、いい加減な仕事でミスを引き起こすこともなくなります。

07 ミスをしない人は、明確なゴールイメージと役割認識を持っている！

08

ミスをしない人は自分をご機嫌にする方法を知り、ミスをする人は感情に左右される。

ミスをしないために、特別な知識やスキルを身につければいいと考えがちですが、実はそれ以前に、ミスをするかしないかは自分の状態やあり方が大きく影響します。

ミスはどのようなときに起きるかを考えてみてください。

急いでいるとき、焦っているとき、イライラしているとき、他のことが気になって心ここにあらずのとき……。つまり、**感情に左右されて冷静さを欠いたときに、集中力が途切れ、仕事のスピードが落ちたり、ミスを招いたりする**ことが多いのではないでしょうか。

なかでもやっかいなのは、マイナスの感情です。

上司から追加の仕事を頼まれて、「なんで私ばっかりこんな忙しい目に遭わなきゃいけないの」とイライラしながら仕事をしていると、客観的で冷静な判断ができなくなります。

イライラした気持ちを引きずれば、仕事のスピードも落ちます。

また、そんなイライラした気持ちで顧客からの電話に出れば、自分の心の状態が声のトーンに間違いなく表れますから、顧客に不快な思いをさせてしまうでしょう。

たしかに、人間は感情の生物ですから、喜怒哀楽が日々起きるのを抑えることはできません。

しかし、だからと言って、感情に振り回されてばかりもいられません。感情をコントロールすることで気持ちを鎮め、ニュートラルな状態の自分を維持します。**自分の心の状態を整えてはじめて、ミスのない仕事ができる**のです。

では、どうすれば感情をコントロールできるのでしょうか。

「ミスをしない人」は、何か出来事が起きたときに、それを主体的に受け止める方法を知っています。だからネガティブな感情が湧きにくいと言えます。

たとえば、何度も同じミスをしたり、理解度の低い後輩の面倒を見ることになったとします。この事実に対して、「もう勘弁してよ」と思えば、被害者意識にさいなまされて、余計にイライラが募ってしまうでしょう。

「ミスをしない人」の反応は違います。

「一筋縄ではいかない後輩の指導担当をすることになったけれども、これって、私にとって何のチャンス?」とか、あるいは、「ちょうどよかった。これを機に、誰でも作業できるようにマニュアルを整備しよう」といったふうに前向きにとらえます。

・起きた出来事は変えられないけれど、それに対する自分の受け止め方は変えられる

・自分が納得できる受け止め方で、マイナスに向かいそうな感情を、プラスに変える

これが「ミスをしない人」に共通する習慣です。この習慣は、「これって何のチャンス?」や「ちょうどよかった」を口ぐせにすることで、身につけていくことができます。

また、マイナス感情に引きずられないためには、**自分をご機嫌にする仕掛けや工夫を、日々の暮らしのなかに小さく埋め込んでおく**ことも有効です。

私の場合、朝起きたら、まずはおいしいコーヒーを自分のために淹れます。自分をもてなす時間があるだけで、その日1日を頑張ろうという気持ちが湧いてきます。

さらに、スケジュールを詰め込みすぎないことも、私が意識していることです。次々と

予定をこなさなければならない状態だと、心も身体も疲弊していきます。10分でも休憩をはさむことで気持ちをリセットし、次の仕事に向けて自分を整えることができます。

そして**1日の終わりには、必ずいいことを考えながら眠りにつく**ようにします。これでその日の嫌な感情を翌日に持ち込まずに、気持ちのよい朝を迎えることができます。

どうしても嫌な感情がつきまとう場合は、それを手放す方法も持っておくと便利です。以前に受講した講座では、こんなことを教えてもらいました。

まずネガティブな感情を紙に書き出します。溜まりすぎていて毎日やる場合は7分間、週に一度なら40分間、自分の心のなかの想いをどんどん書き出します。書いたのちは、その紙をビリビリ破って封筒に入れ、ゴミ箱に捨てます。やってみましたが、自分のなかに溜まっていた感情がクリアになっていくのがわかりました。

スポーツやカラオケ、女性なら友人とのおしゃべりも効果的です。自分なりのリセット法を見つけて、**自分をいつもご機嫌な状態に保つ**ように心がけてみてください。

08 ミスをしない人は、つねに自分の心の状態を整えている!

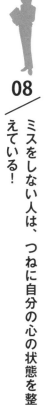

第2章

情報 編

09
ミスをしない人は情報が流れる関係を築き、ミスをする人は情報が遮断されている。

ミスは、職場の情報が滞ったときに起きやすくなります。

たとえば、こんなケースが考えられます。午後4時からチームミーティングが行われる予定でしたが、リーダーの都合が悪くなったため、席にいた全員の了承をとり、30分繰り上げて3時半からミーティングを始めることになりました。

ただ一人、席を外していたAさんは、時間が変更になったことを知りません。Aさんが席に戻ってきたとき、誰もAさんに時間変更を伝えなかったとしたら、情報の共有ミスによるなんらかの弊害が生じる恐れがあります。

また、**情報が流れていれば、ミスの防止だけでなく、仕事の質向上**にもつながります。

たとえば、営業アシスタントが、普段から営業担当者の仕事にかける思いや、顧客とのやりとりについて話を聞いていたら、営業担当者と同じマインドで仕事ができるでしょう。

提案書を作成する場合でも、単なる営業ツールととらえず、顧客の「イエス」を引き出せるような提案書を作ろうという意識になります。

そして、**情報が滞りなく流れるかどうかは、職場の人間関係が大きく影響**します。

日常的に気軽に質問や相談し合える関係を築いている人には、自然と情報は流れるでしょう。

反対に、自分の能力を過信してまわりとの関係を築こうとしない人や、まわりには無関心で自分のことしか考えていない人には、情報は行き届かないでしょう。

必要な情報をリアルタイムで得られる関係をいかにつくっていくのか。このことが、仕事でのミスを防ぎ、仕事の質を高めていくには重要です。

では、どのようにして必要な情報を得られる関係をつくればいいのでしょうか。

情報が流れる関係を築いている人、すなわち「ミスをしない人」には、ある共通点があります。

自分から進んで「おはようございます！」と挨拶し、忙しそうな同僚を見れば、「お疲れ様。

何か手伝うことはある？」と声をかけます。**主体的に周囲に働きかけ、円滑な人間関係を築こうとするのは、「ミスをしない人」の特徴**です。

自分からまわりに挨拶するのは、「私はあなたに対して心を開いていますよ」というシグナルです。

最初は挨拶が返ってこないかもしれません。それでも自分から挨拶をやめないのが「ミスをしない人」です。働きかけていれば、いずれ相手も応えてくれるかもしれません。なぜなら、自分に対して心を開いている相手に対して、いつまでも心を閉ざしているのは難しいからです。

情報が流れる関係を築いている人は、「話しかけられやすい人」でもあります。自分からまわりへ働きかけるだけでなく、まわりからも挨拶されやすく、声をかけられやすい雰囲気を心がけています。

話しかけられやすい人とは、たとえば、パソコン作業中に「ちょっといいですか？」と声をかけられたら、パソコンの手を止め、相手に正対し、対応してくれる人です。

一方で、声をかけてもパソコンから目も離さず、片手間で答える人には、話しかけるのをためらってしまいます。

また、「ああ忙しい、チッ」と舌打ちしたり、いかにも忙しそうに「業務中は話しかけないでほしい」という雰囲気を醸し出したりしている人にも、声をかけづらいものです。このような態度でまわりの人に接していたのなら、やはり情報は流れにくくなります。

自分からまわりに声をかけたり、話しかけられやすい雰囲気を意識したりすることはもちろんですが、やはり業務上の報告・連絡・相談をこまめに行うことが情報共有の基本です。これも主体的に行っていくことが大切です。

職場での人間関係は、「情報が流れる道」。情報の滞りからミスを招かないためにも、まわりとの良好な人間関係の構築を意識してみてください。

09 ミスをしない人は、まわりとの良好な人間関係を築いている！

10 ミスをしない人は社内に情報インフラを築き、ミスをする人は仕事がタコツボ化している。

人にはそれぞれ、得意なことと、不得意なことがあります。資料を見やすく整理するのは得意だけれども、表計算ソフトを使った数字の分析は苦手だという人もいるでしょう。仕事は、得意なことばかりではありません。自分が苦手なことにもとり組まなければならない場面があります。

そしてなかには、自分の苦手な分野を担当するときでも、それを得意とする人の知見を借りることで、ミスなく質の高い仕事を成し遂げている人がいます。

そういう人を、ぜひ観察してみてください。社内の人たちの強みや得意分野を知ったうえで、気持ちよく知恵を貸してもらえる関係を築いているはずです。「ミスをしない人」は、**社内に情報インフラを築き、それを仕事に活かしています。**

私の生業である講師の仕事で言えば、時代や環境の変化に合わせて研修やセミナーの内容を常に更新していくことが欠かせません。受講生の方々から満足を得られなければ、いずれ声がかからなくなる恐れもあります。

あちこちからお呼びがかかる人気講師の方を見ていると、**自己啓発はもちろんのこと、まわりをうまく巻き込んでいます。**

たとえば、キャリアに関する研究はこのコンサルタントが詳しい、リーダーシップに関する動向はこの先生に聞けば間違いないと、それぞれの得意分野を把握しています。

そして、普段から彼らと良好な関係を築くことで、必要に応じて知見を相互提供し、内容を最新かつ興味の持てる内容にバージョンアップしているのです。

一方で、「ミスをする人」は、**得意なことも苦手なことも、すべて自分で抱え込もうとします。**苦手なことも自分一人で解決しようとすれば、ミスが生じたり、仕事の質が下がったりするのは当然のことです。

仕事を抱え込めば、その人しかその仕事のことがわからない状態を生み出します。これを「仕事のタコツボ化」と呼びます。

もし、このような状態で仕事を進めていき、何か不都合があったら、どうなるでしょう。残念ながら、まわりの誰も手を貸すことができません。

タコツボ化の背景にはさまざまな要因が考えられます。特に仕事の経験がある方に見られるのは、「自分でなければこの仕事はできない」という状況をつくり出して、自分の価値を見出そうとする行為です。自分を守りたいという保守的な傾向が強いのかもしれません。

まわりの人が協力してくれる人は、実は自分から与えている人です。

困っている人がいれば、「私も手伝おうか」と手を差し伸べ、相手に役立つ情報を惜しみなく与える。そういうことをさり気なくできるホスピタリティ力の高い人が、上手にまわりと人間関係を築いていています。

「いつか力を貸してもらうときのために、与えておこう」

ホスピタリティ力の高い人は、こんなふうに打算的に考えて行動しているわけではありません。相手が喜ぶことが自分の喜びであり、誰かの役に立てることを素直にうれしいと思っている人たちです。ギブ&ギブの姿勢が、結果的にまわりを巻き込む力になっているのです。

反対に、**いつも「教えて」「力を貸して」と与えてもらうことを要求するばかりでは、相手も快く力を貸したいとは思いません。**

若いうちは自分一人でなんとかできる仕事が多いかもしれませんが、そこに慢心してはいけません。年次を経て仕事の規模が大きくなったり、リーダーを務めたりするようになったとき、社内の情報インフラの重要さが身にしみてわかるときが来るはずです。

リーダーの仕事は、定型的な仕事ばかりでなく、非定型な問題解決の連続です。一人でできることには限りがあります。したがって、まわりのいろんな人たちの力を借りながら問題解決していくことが求められます。

リーダーになる前に社内の情報インフラを築くことを意識しておきましょう。

部門の壁を越えて、他部門の人たちとつながり、また上下の関係を超えていい人間関係を築いておくことは、いずれリーダーになったときに質の高い仕事をするうえで役に立つはずです。

10 ミスをしない人は、気持ちよくまわりの人の力を借りている！

11

ミスをしない人は頭のなかを空っぽにし、ミスをする人は頭のなかで考える。

人間の思考は、ややもすると過去に行ったり未来に行ったり、別のことを考えたりするようにできています。「今、ここに向き合う」ことを忘れがちです。

たとえば、重大なプレゼン発表を翌日に控えて、「緊張して頭が真っ白になったらどうしよう」と、未来のよくない妄想に陥ることは誰にでも経験があるかもしれません。「あなたの話は何が言いたいのかよくわからない」と上司に注意されたことをいつまでも気にして、仕事が手につかないこともあるでしょう。

ありもしない未来を憂い、とり戻せない過去を思い煩う。これは、「ミスをする人」によく見られる傾向です。**雑念に振り回され、「今、ここ」から意識が離れた隙をついて、ミスは起こります。**

禅には、「一念を継かず」という言葉があります。これは、最初に浮かんだ思考に連鎖して次から次へと思いを巡らすのはやめよ、という教えです。

人間は感情の生き物ですから、物事に対して湧き起こる感情を止めることはできません。ですから、上司から叱責を受けて、自尊心が傷ついたり、恥ずかしい気持ちになったりするのは自然なことです。

ただし、この最初の感情で終わりにしないと、面倒なことになります。「上司があんなふうに言うのは、私を嫌っているからではないか」などと勝手にストーリーを発展させてしまうと、自分でつくり出した怒りや憎しみから逃れられなくなります。**負の感情を紡いで助長させることを「念を継ぐ」と言います。**

「ミスをしない人」は、雑念の渦に呑み込まれそうなとき、それらの念を断ち切って、「今、ここ」に意識を集中させることができます。

念を断ち切る方法として私がおすすめしたいのは、**5分でもいいので「頭を空っぽにする時間」を持つ**ことです。手軽に実践できるので、私も習慣にしています。

ぜひとも実際にやってみてください。

頭を空っぽの状態にするには、自分の呼吸に意識を集中させるのがコツです。「1、2、3……」と自分の呼吸を数えることに全神経を注いでみてください。呼吸だけに意識が向いたとき、雑念がとり払われて、「今、ここ」に向き合った状態が生まれます。

仕事に追われて焦っているときも、ミスが起こりやすくなります。ここでも5分間の集中呼吸法は効果的です。

「あれもやらなきゃ、これもやらなきゃ」と散漫になりがちな意識を、**「今、ここ」に集中させると、気持ちが落ち着いていきます。**自分が整っていくのを感じるでしょう。

すると、直観力も冴えてきます。アイデアは、机に向かってあれこれ考えているときよりも、何も考えていないときにパッとひらめくことが多いものです。

また、頭のなかを空にするのは、念だけではありません。**過剰に詰め込んだ情報も、自由な思考を妨げます。**いらない情報は捨てることで、より精度の高い解を導き出せることがあります。

たとえば交渉の場面で、相手を説得しようと情報武装して臨んでも、互いに平行線のまま妥協点を見つけられないことがありませんか。

そのようなときは、「これだけは譲れない」という重要なポイントだけを意識し、その他の情報は捨てます。**頭のなかが身軽になれば、相手の考えに耳を傾け、理解しようとする思考のスペースが生まれます。**

「こうあるべき」という思い込みの枠が外れれば、予想もしなかった未来が出現することもあるでしょう。心を開いたコミュニケーションの醍醐味は、こういうところにもあると思います。

「ミスをしない人」は、雑念や情報に縛られることなく、「今、ここ」や「これだけは譲れない大事なこと」に意識を集中させることのできる人です。余計な念や情報を断ち切って、頭をスッキリさせることから始めましょう。

11 ミスをしない人は、「今、ここ」に意識を集中させている！

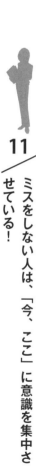

12 ミスをしない人は情報を捨てることを考え、ミスをする人はたくさんの情報を羅列する。

私たちは日々、膨大な量の情報にさらされています。以前に比べて情報収集が便利になった反面、情報に縛られて身動きがとれなくなるリスクと紙一重であることも事実です。

「ミスをしない人」は、情報に縛られません。前項で言及したこの点について、もう少し考えてみます。

Aさんは、保険のトップセールスマンです。

しかし、駆け出しの頃は、「この情報は大事」「あの情報も必要かも」と手当たり次第に集めた情報に振り回され、成績がふるわなかったそうです。当時はたくさんの顧客を紹介してもらい、膨大なアポをひたすらこなす日々。**準備にかける時間が十分にとれず、出たとこ勝負で、どれも契約にはつながりませんでした。**

そこで、Aさんは考えました。

自分は何のために保険営業の仕事を始めたのか、と。

Aさんの父親は、会社を経営していました。父親が資金繰りに頭を悩ませる姿をずっと見てきたAさん。保険営業の道に飛び込んだのは、ある思いがあったからでした。

「経営者の人たちが、資金繰りや事業継承といった問題に、心を煩わされることなく事業に邁進できるよう、保険を通じて支援したい」

その思いに改めて気づいたAさんは、営業のやり方を大きく変えました。自分が支援すべき顧客にターゲットを絞り、アプローチするようになったのです。その結果、成約率はぐんと伸び、トップセールマンへと駆け上がったのです。

Aさんが実践したのは、顧客情報の取捨選択です。**自分の仕事の目的に立ち返り、「自分が支援すべき顧客」を絞り込みました。**

情報は、たくさんあればいい、というものではありません。**自分にとって重要な情報を選びとり、選んだ情報を最大限に活かせるかどうかが成否の分かれ道**と言えます。「ミスをしない人」は、情報を取捨選択し、選んだ情報を成果につなげられる人です。

一方、**「ミスをする人」は、大量の情報をインプットします。**「これ、面白そう」「あれもやってみたい」と興味や関心を広げるだけ広げて、取捨選択しません。その結果、エネルギーが分散され、成果につながりにくいのです。

情報がたくさんありすぎると、何をすべきかを見失いがちになると心得ましょう。私なども「いろんなことを見たい、知りたい！」という傾向が強いので、要注意ですが……。

また、Aさんのエピソードには、気づきがもう一つあります。

「ミスをしない人」は、情報を取捨選択する基準を持っていることです。

基準は人それぞれ違っていいと思います。Aさんのように、仕事の意義や目的を基準にする人もいます。あるいは、自分のキャリアデザインを基準にして、限られた人生の時間の使い方にふさわしい情報を取捨選択している人もいるでしょう。

基準を決めるのは、その人の思いです。Aさんで言えば、「経営者が事業に邁進できるよう、保険を通じて支援したい」という思い。そこに込められた思いが強ければ強いほど、ブレない軸になります。まわりを巻き込んでよい仕事ができるのも、そのためです。

そう考えると、「ミスをする人」は、「なぜ自分はこれを成し遂げたいのか」という強い思いが欠けているのかもしれません。思いが弱いから、情報を選ぶ基準もあいまいです。あれもこれもと情報を抱え込んでしまいます。

思いが弱い人が書いた提案書や企画書は、どこか散漫なイメージを受けます。情報や事例が豊富に盛り込まれていても、それらに一貫性がなく、メッセージが伝わってこないのです。

これでは相手の心は揺さぶられません。相手の「イエス」を引き出すことは難しいでしょう。

情報の収集と羅列にとどまっている人は、**仕事の意義や目的をもう一度考えてみてはいかがでしょうか。**「私はこの目的で仕事にとり組んでいる」という思いを再確認できれば、情報を取捨選択し、活かすための基準が定まってくるはずです。

12 ミスをしない人は、目的や思いを基準に情報を取捨選択している！

13 ミスをしない人は相手起点で情報を発信し、ミスをする人は自分起点で情報を発信する。

キャッチボールをしたことのある人ならおわかりだと思いますが、自分が投げたいようにボールを投げても、キャッチボールは続きません。**相手がキャッチしやすいボールを投げるのがキャッチボールです。**

情報発信でもまったく同じ。大事なのは、「相手が知りたい情報を、相手にわかりやすく伝える」ことです。「自分が伝えたいメッセージを伝える」ことではありません。

なぜ、例まであげてこのような話をしたかというと、情報発信はこのような「自分起点」の行為だと思っている人が少なくないからです。

つまり、「ミスをする人」が陥りやすい視点は、自分起点です。

自分起点の情報発信は、「伝えるべきことが伝わっていない」状態を生み出します。

たとえば、後輩に仕事を教える場合を考えてみれば、わかりやすいでしょう。

自分起点で考える人は、相手のことよりも自分が伝えたいことを優先します。

そして、自分がよく理解していることは「相手も当然わかっているだろう」と思い込む傾向にあります。特に業界用語や専門用語、仕事の目的や背景などはその典型的な例で、十分な説明がないまま話が進みがちです。

しかし、後輩にそれらの知識がなければ、理解不足や誤解を生むのは必至。このまま仕事に向かえば、ミスを引き起こすかもしれません。これは後輩のミスではなく、教える側の責任です。

「教えたつもりになっていないだろうか」

「相手は本当に理解しているのだろうか」

常に自問してみる必要があります。

自分起点で情報発信する人のもう一つの共通点は、頭に思い浮かんだことをそのまま口にする癖があることです。言葉を次から次へと足していくために、「それから」「さらに」などの接続詞を多用しがちです。

こういう話し方は、話の主旨や背景、流れがつかみにくく、聞く人に大変な負担を強いることになります。聞く人が疲れてしまうのです。伝えるべきことが伝わらないばかりか、気づかないうちに相手に不快感を与え、人間関係をギクシャクさせてしまうかもしれません。

「ミスをしない人」は、相手起点で情報発信します。相手が知りたい結論から先に話そうと考えますので、相手も話の本質を理解しやすくなります。

これによって伝達ミスがなくなるだけでなく、コミュニケーションにおける互いのストレスが消えれば、良好な人間関係も築きやすくなります。

自分起点か相手起点か、どちらを意識するかによって、人間関係の質は大きく変わります。相手起点で考えない手はありません。

そのためにもまず、相手の背景を知ることからスタートしましょう。

「これまでどのような仕事をしてきたのか」

「仕事に関してどの程度の知識を持っているのか」

「何に興味があるのか、何を苦手としているのか」など、相手の状況をよく知ることで、相手に合った言葉選びや伝え方ができるようになります。

相手の状況を知るには、項目06でも紹介したように、「ミスをしない人」に共通する「観察力」「傾聴力」「想像力」を意識してみてください。

相手の様子をよく観察し（観察力）、折に触れて自分から働きかけて状況を聞き出し（傾聴力）、相手に起こる次の展開を想像する（想像力）。この三つの力をフル稼働させれば、そのうちコミュニケーションは自然に相手起点へと変わっていきます。

情報発信に限らず、**相手起点で考えられる人に共通するのは、相手への思いやりです。**思いやりのある情報発信を心がけていれば、伝達ミスが減るだけでなく、まわりの人から信頼を得て人間関係が好転し、仕事もやりやすくなります。

13

ミスをしない人は、相手の状況に合わせた、思いやりのある情報発信をしている！

14 ミスをしない人はノートのとり方を重視し、ミスをする人はノートに書く文字を重視する。

ノートを見れば、その人が「ミスをしない人」か「ミスをする人」かがわかります。そう言ったら言いすぎでしょうか。

丁寧な文字がきれいに並んだノートは、一見すると〝いいノート〟のように思えるかもしれません。しかし、**体裁がきれいなだけで、目的を意識して書かれていないノートは、「ミスをする人」にありがちなノート**と言えるでしょう。

ノートに書くという行為には、必ず目的が存在します。「何のためにノートに書くのか」という目的がまずあって、その手段としてノートに書くという行為があります。つまり、**なんらかのアクションにつなげたり、仕事に役立てたりするために、ノートに書く**のです。

「ミスをしない人」は、そのことをよく理解しています。

一方、「ミスをする人」は、いかに体裁よく見えるように書くか、ということに意識が向いています。つまり、「ノートに書くこと」自体が目的になっているのです。きれいに文字が並んでいるだけで、メリハリに乏しく、あとで見返したときに重要なポイントが一目でわからない。**「このノートを使ってどうするのか」というアクションが見えてこないのです。**重要だからノートに書き留めたはずなのに、それが後で仕事に活かされなければ、仕事のやり忘れや質の低い仕事につながる恐れがあります。

では、ノートは何のために書くのでしょうか。

目的は、大きく分けて三つあります。

一つ目は、備忘録としてのノートです。

「ミスをしない人」が活用する「ＴｏＤｏリスト」もその一つです。毎朝、その日にやることをノートや紙に書き出すことで、仕事をモレなく進めることができますし、あとから検証もできます。

二つ目に、物事の理解を深め、仕事の質を高めるために書くノートがあります。

たとえば、若手社員が先輩社員から仕事を教わるときに書くノートなどがこれにあたります。

このときのコツは、該当する一部分だけでなく、全体を見渡す視点を持つことです。たとえば、仕事を教わる場合、まずは仕事の全体像を把握し、そのなかで自分の担当する仕事の役割や位置づけを理解するようにします。

この場合のノートのとり方は、チャートを活用するのが効果的です。

経理の仕事について理解を深めたいなら、経理の仕事の全体像を1枚のチャートに「見える化」します。経理の仕事には大きく分けてどのような分野があり、それぞれの分野にどのような仕事が紐づいているのか。全体から部分へ、また部分から全体へと、体系的にとらえることで理解を深めていきます。

自分でチャートを作成するのが難しければ、先輩社員に教わりながら作成してもよいでしょう。**「ミスをしない人」は、必要に応じてチャートを活用しています。**物事への理解を深め、仕事の質を高めていくには大切なことです。

三つ目は、学んだことを実践につなげるためのノートです。たとえば、講演やセミナーで学んだことを書き留めておき、あとで実践するときに使います。

実践につなげるには、気づきや学びと、行動を分けて書き記すのがポイントです。「次、どうするの？」という行動が見えてくるノートが理想です。

そこで工夫したいのがレイアウトです。

まず、**ページの右側3分の1くらいに折り目をつけておきます。**折り目の左側には、講演やセミナーでの気づきや学びを書いていき、折り目の右側には、気づきや学びを踏まえ、これから自分はどう行動するのかを書いていきます。話を聞いて終わりにせず、行動につなげてこそ、学びは活きてくるものです。

ノートは書くことが目的ではなく、仕事に活かすことが目的です。書くだけで終わりにせず、なんらかのアクションにつなげるための工夫が必要なのです。ここであげた三つの目的を意識しながら、目的に合ったノートのとり方を工夫してみてください。

14 ミスをしない人は、目的に合わせてノートのとり方を変えている！

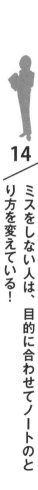

15 ミスをしない人はメモにひと手間加え、ミスをする人はメモするだけで満足する。

「ミスをしない人」は、ノートに書いて終わりにせず、アクションにつなげて仕事に役立てているという話をしました。

メモについても同じです。「ミスをしない人」は、メモするだけで満足せず、必ず次のアクションにつなげることを意識しています。

メモはなぜとるかというと、うっかり忘れをなくすためです。

上司に頼まれた仕事や、メールでの連絡など、あとでやろうと思っていてもうっかり忘れてしまうことがあります。職場のさまざまなミスを分析していくと、**「うっかり」が原因のミスは、なんと日常で起きるミスの8割を占めるほど多いのです。**

この**「うっかり忘れ」を未然に防ぐために、メモを活用します。**上司に指示されたことや、「あれをやらなきゃ」と思いついたことを、その場で書き留めます。メールで受けた依頼も手書きでメモしておくと、うっかり忘れを避けられるでしょう。

用意するのは、小さなメモ帳1冊。これをいつも持ち歩きます。どこに書いたのかわからなくなるのを防ぐために、1冊に集約するのがポイントです。

――と、ここまでは、すでに多くの人が実践していると思います。

肝心なのは、ここからです。**メモしたことを行動に移すためのひと手間をとっているかどうか。これが「ミスをしない人」と「ミスをする人」の分かれ道**です。

メモをとっても、実行しなければ意味がありません。実際、「やることをメモしておいたのにやり忘れた」という悩みをよく耳にします。メモするだけで満足するのは、「ミスをする人」の悪い癖かもしれません。

「ミスをしない人」は、メモしただけでは行動につながらないとわかっています。それで、確実に実行するための仕組みをつくっているのです。

行動に移すには、「いつやるか」を決めて、ToDoノートに転記することが最初のステップとなります。

メモ帳に書いた「やるべきこと」のうち、**うっかり忘れが多いのは、すぐ実行に移さなくていい仕事です。**

つまり、先々にやるべきことは、時間が経つと、どこにメモしたかわからなくなったり、メモしたこと自体を忘れてしまったりするのです。

締め切りまで余裕があり、翌日以降に持ち越せる仕事については、「いつやるか」を決め、ＴｏＤｏノートのその日の欄に忘れずに転記します。

ＴｏＤｏノートは、１カ月を俯瞰できるマンスリー型がおすすめです。マンスリー型なら、日々の仕事量が偏らないようにスケジュールを立てられ、便利だからです。

毎朝ＴｏＤｏノートを確認する習慣をつけ、確実な遂行につなげていきます。

ＴｏＤｏノートでその日にやるべきことを意識していても、うっかり忘れることもあります。その防止策として、**行動に移す動線上でのリマインドが効果的**です。その行動をとるにあたって**必ず使うものや目にする場所に、「やるべきこと」を書いた付せんを貼っておく**のです。こうすれば絶対に忘れないので、私も実践しています。

たとえば、事前に特急列車のチケットを駅で購入しなければならない場合、定期入れやＩＣカード乗車券などに、「特急チケット購入」と書かれた付せんを貼っておきます。駅で定期券やＩＣカード乗車券をカバンからとり出したときに、この付せんを見れば、忘れずにチケット売り場に寄れるという仕組みです。

他にも、スマホに「○○さんに電話」、財布に「○○を購入」、カバンに「○○を忘れずに持って行く」と書いた付せんを貼るなど、いろんなバリエーションが考えられます。自分なりの工夫を楽しんでみてはいかがでしょうか。

せっかくメモをとっても、メモをとるだけで満足していると、やり忘れが起きてしまいます。**メモは一時的な記録にすぎません。そこから行動に移すために、スケジュールへの落とし込み、さらには動線上に組み込む作業が欠かせない**のです。

15 ミスをしない人は、メモを次のアクションにつなげている！

第3章

段取り編

16

ミスしない人はやらないことを決め、ミスする人はとりあえずなんでもやる。

近年、内部統制やコンプライアンスの強化に伴い業務手順がより複雑で煩雑になり、一人あたりの業務量が増える傾向にあります。仕事に追われて集中力が散漫になったり、時間に余裕がなく丁寧に作業できなかったりして、ミスが起きやすい状況になっています。

「自分の担当業務はあふれているが、仕事が多いからといってミスは許されない。すべての仕事をミスなくやり遂げるにはどうすればいいのだろうか――」

もし、あなたがこのように考えているなら、「ミスをする人」の思考パターンに陥っているかもしれません。

自分の担当業務はすべて必要な仕事である。そう考える人は多いようです。

しかし、本当にそうでしょうか。

「ミスをしない人」は、仕事をスリム化することから始めます。

①必要のない仕事は、思い切ってなくす

②手順を簡素化して、仕事を減らす

③「やらないこと」を決めたあとで、ミスなく仕事を進めるやり方を編み出していく

これが業務改善の正しいプロセスです。

私のセミナーに参加したマネジャーのBさんが、こんなことをおっしゃっていました。

Bさんは、別部門から異動してきたマネジャーでした。就任早々、仕事に追われるスタッフを見て、「なぜそんなに忙しいのか」と疑問に思ったそうです。スタッフが言うには、「人数が減っても業務量が変わらないから忙しい」のだと。

そこでBさんは、すべての仕事の棚卸しを指示。**「なぜこの仕事をするのか」という目的に立ち戻り、必要な仕事といらない仕事に分け、いらない仕事はやめる**ことにしたのです。

その結果、仕事は3分の2に減ったと言います。

このように、ムダな仕事は探せばいっぱい出てきます。特に**長く携わっている仕事や、前任者から引き継いだ仕事は、ムダの温床になりがち**です。「これはこういうものだ」と何の疑問も持たずに粛々と続けることになるからです。

一方、別部門から異動してきたBさんは、仕事を新鮮な目で見直すことができました。同じことは、新入社員や若手社員の方々にも言えます。**「そもそもなぜこの仕事をしているの?」**という素朴な疑問が、ムダな仕事をなくす第一歩です。

やらないことを決めるには、**「なくて何が困るのか」の視点を意識する**といいでしょう。そう考えてみると、なくても困らない仕事は意外に多いものです。

こんなケースもあります。あるチェーン店の本部では、毎月2回、フランチャイズの加盟店に向けたデータ配信のため、データ集計に丸1日もかけていました。時間がかかるわりに、このデータは何に利用されているのか、担当者には疑問だったと言います。

本部の人に聞いても、首をかしげるばかり。そこで加盟店のオーナー会議で活用目的を確認したところ、じつはほとんど使われていないことが判明したのです。

「なくて何か困ることがありますか」とたずねると、「いや、何も困ることはない」との返事。関係者との協議の結果、データ集計の仕事そのものがなくなったそうです。

また、やらないことを決めると、それによって**生み出された時間を、未来への投資時間に充てる**ことができます。

たとえば、ヌケ・モレを防ぐためのチェックリストの作成や、新入社員がミスなく仕事にとり組めるための手順書の作成、商品知識の勉強などです。

これらは、ミスをなくし、仕事の質を高めるために重要な仕事です。しかし、緊急度が低いため、つい後回しになりがちです。

緊急ではないけれども、未来へのインパクトが大きい仕事こそ、意識的に時間を確保してとり組むべきです。やらないことを決めれば、本当にやるべき仕事にとり組む時間が生まれます。これも、よりよい未来をつくるため、「ミスをしない人」が実践している習慣です。

16 ミスをしない人は、「なくて何が困る」の視点で仕事をスリム化している！

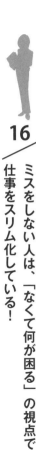

17 ミスをしない人は休憩にメリハリをつけ、ミスをする人はなんとなく休憩をとる。

休憩時間はどのように過ごしていますか。そう聞かれて、

「同僚と外にランチを食べに行ったり、忙しいときはデスクで昼食をとったり。気分転換にスマホでゲームすることもあるかな。でも、あまり気にしたことはない」

こんなふうに答える人も多いでしょう。

ついスマホを見る、なんとなくデスクで休憩する――。これで自分は休んでいるつもりかもしれませんが、その間も**休まず働き続け、かえって疲弊しているもの**があります。

それは、**私たちの「脳」**です。

「胃もたれを感じたら、食事を控えようとする人が多いのに、脳に対しては適度に休ませるという認識がありません。いくらでもパフォーマンスを上げられると思って、働かせすぎる人が多いようです」

こう指摘するのは、医療現場で脳のリハビリに従事する作業療養士の菅原洋平氏です。

つまり、**脳を休めず働かせると、脳を疲弊させ、かえって作業の効率悪化やミスを招く原因になる**ということです。これについては、私自身も反省しなければなりません。

たとえば、休憩時間に何気なく見るスマホ。スキマ時間を使って、スマホで検索したり、情報収集したりする人は多いと思います。

しかし、私たちが情報に触れるたびに、脳はそれらを処理しなければなりません。自分は時間の有効活用のつもりでも、脳のエネルギーを消費させる行為なのです。

自分のデスクでランチをとる人もいますが、これはどうでしょうか。

多忙を理由に仕事の手を止めないのは論外ですが、散らかったデスクは、それだけで脳にはよくありません。

なぜなら、私たちが**何かを見るたびに、脳内では「やるか、やらないか」の選択が無意識に行われていて、これに大量のエネルギーが使われる**からです。

資料の山を見るだけで、脳は疲れ始めています。「これ、今日中に終わらせることができるだろうか」と先々のことが気になれば、なお一層、脳を疲れさせます。

「なんとなく休憩をとる」だけでは、脳は休まりません。脳をちゃんと休めたいのなら、それに専念する必要があります。

私がおすすめしたいのは、**一時的にでもデバイスから離れて脳を休める**ことです。休憩時間はスマホやＰＣには触れない、スマホゲームもしないと決めておきます。「デバイスデトックス」の実践です。

さらに、**10分だけでも目を閉じれば、頭はかなりスッキリ**します。

そして、脳をしっかり休めて疲れをとったら、脳にちょっとした刺激を与えて思考の活性化を図ることも意識してみてください。

具体的に言いますと、**いつもと行動パターンを変えてみるとよい**でしょう。

たとえば、ランチを食べる店を変えてみる。いつもと違う料理を注文してみる。いつもとは別の階のトイレに行ってみるなどです。

特にデスクワーク中心の人は、外に出たり、誰かと話をしたりするなど、意識的に違う世界や景色に触れるようにしておきましょう。**脳に刺激を与えることで、視野が広がり、ひらめきが生まれやすくなります。**

昼の休憩時間は、午後への英気を養うための大切な時間です。特に昼食後の時間帯は、満腹感から眠気に襲われがち。午後の仕事をミスなく進められるか、そして生産性を高められるかは、昼休みの過ごし方にかかっていると言っても、過言ではありません。

だからこそ、休憩時間をなんとなく過ごすのはもったいない。**「ミスをしない人」は、誰と、何を食べ、どのように過ごしたいのかを考えて実行**しています。

頭をしっかり休めつつ、脳に刺激を与えて活性化。この両方を組み合わせて、メリハリのある休憩時間の過ごし方を工夫してみてください。

17

ミスをしない人は、脳の休息と活性化を意識して休憩時間を過ごしている！

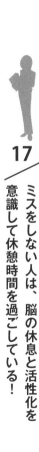

18 ミスをしない人は1日3回段取りを見直し、ミスをする人は朝、段取りを組んで安心する。

「段取り」とは、仕事をどの順番で片づけていくのか、それらをいつまでに終わらせるのかを事前に決めることです。

段取りがないまま仕事に向かえば、仕事は行き当たりばったりになります。やりやすい仕事から始めて、時間のかかる重要な仕事を後回しにしたり、仕事を頼まれるままに引き受けたりしていると、時間はあっという間に足りなくなります。

こうして、焦ってミスを連発したり、納期に遅れるというミスを招いたりするのです。**仕事に振り回されないためにも、段取りが欠かせません。**単に計画を立てるだけでなく、**仕事を効率的にマネジメントし、意思を持って仕事を進めていく**ことが、段取りの一番の狙いです。

段取りは、1日の仕事を始める前に立てましょう。ミス撲滅は、朝段取りの習慣から始まると言っても、過言ではありません。

ただし、「ミスをしない人」は、それで十分とは考えていません。朝に段取りを組んだあとも、１日のうちに何度か段取りを見直します。

仕事は関連する人たちの関係性で成り立っています。だからこそ、突発的なアクシデントや予想外の割り込み仕事でスケジュールが狂うのは日常茶飯事。そのまま放置すれば、仕事に振り回される状態に逆戻りです。**段取りの見直しは、仕事に対するコントロールをもう一度自分の手にとり戻すために行います。**

私が推奨する見直しの回数は、**朝の段取りを含めて３回**です。

朝に段取りを組んだら、次に見直すタイミングは、昼休みの前です。午前中に片づけるべき仕事がどれだけはかどったのかを振り返り、段取りからズレがある場合は、午後の仕事も見通しながら段取りに修正を加えていきます。

午前中にやり残した仕事を午後に持ち越せば、その日のうちに完了できない仕事が出てくる可能性があります。そうならないために、とるべき選択肢は三つあります。

一つ目は、今日中に終わらない仕事を明日に持ち越すこと。

二つ目は、予定した仕事は今日のうちにすべて片づけること。そのために締め切りを強く意識して、普段よりも1割程度のスピードアップを図ります。

そして三つ目は、**午後に予定している仕事のうち優先順位の低い仕事を「やらない」と決めること。**こうした見直しを午前中が終わった時点で行います。

次に、終業の2時間前に3回目の見直しを行います。残りの2時間で終えられる仕事とそうでない仕事を見極め、上司やまわりの人とも相談して対策を考えます。

ここでの選択肢は二つです。

一つ目は、今日中に終わらない仕事を明日に持ち越すこと。誰かに頼まれた仕事であれば、相手への確認が必要です。

「今日中という指示でしたが、午前中に突発的な仕事が入り、このままでは5時までに終わりそうにありません。明日に持ち越してもいいでしょうか」

などと相手に伝えておきます。

二つ目は、まわりの人の力を借りること。仕事に余裕のある同僚にサポートを頼み、その日のうちに予定の仕事を終了させます。**残業すれば帳尻が合う、という考え方は、今後は現実的ではなくなる**でしょう。

このように、段取りを見直す時間を意識的に設けることで、進捗に合わせた修正を行い、確実に実行に移していくのが「ミスをしない人」の習慣です。

一方、「ミスをする人」は、朝に段取りを組んだだけで満足してしまいます。割り込み仕事などで段取りが崩れても、一度も見直すことがありません。「どの仕事を何時までに終わらせるのか」というデッドライン思考が欠けているのです。

段取りも、実行に移してこそ意味があるのは、項目15でとり上げたメモと同じです。段取りを組んだだけで満足せず、1日3回の見直しをすることでミスなく仕事を進めていくことができます。

18 ミスをしない人は、1日3回段取りを見直しながら、実行に移している！

19 ミスをしない人は割り込みに交渉し、ミスをする人は割り込みに振り回される。

段取りを乱す原因の一つに、まわりからの「割り込み」があります。

その割り込み仕事を片づけて元の仕事に戻ったときに、「あれっ、どこまで進んでたっけ?」とわからなくなり、仕事の仕切り直しが必要になります。

そのときに起こりやすいのが、見落としや勘違い、ヌケ・モレなどのうっかりミス。**割り込みによる集中力の途切れは、ミスが最も好物とするものの一つ**です。

そうは言っても、**割り込みは「自分ではどうしようもない」と思ってあきらめていませんか?**

もしそうなら、それは「ミスをする人」によくある考え方です。この考え方でいる限り、割り込みに振り回される状態を変えることはできません。

「ミスをしない人」は、割り込みは仕方がないとは思いません。割り込み自体をなくすことはできないかもしれませんが、自分の意思で減らしたり、なくしたりできることを知っています。そして、そのために必要なアクションを惜しみません。

では、割り込みに対処するにはどうすればいいのでしょうか？

まず、**割り込みが発生する原因を特定します。**割り込みと言っても、その原因はさまざまです。大きくは、**「上司」「同僚や後輩」「顧客」の三つ**に分けられます。

上司から見ていくと、上司からの割り込みは、上司が自分のスケジュールを把握していないことに起因すると考えられます。

これに対しては、自分のスケジュールを上司と共有し、自分の状況を理解してもらうことで、ある程度解決できます。

たとえば、「午前中は重要書類の作成の仕事がありますので、もし急ぎの仕事があれば、朝いちばんに承ります」と交渉すれば、割り込みをコントロールすることができます。

また、反対に、「今日あたりあの仕事を頼まれるかもしれない」と**上司の割り込みを見**

越したうえで自分の段取りを組むことも、対処法としては有効です。

同僚や後輩からは、「これはどうやるんだっけ？」と処理手順や操作法、顧客への異例対応などを質問される割り込みが多いはずです。

対処法としては、マニュアルや手順書を作成して、自分の頭のなかにある知恵を「見える化」します。そうすれば、その都度質問されて割り込まれる回数はグンと減るはずです。

また、顧客からの電話対応は、割り込みというよりは定型業務でしょうが、それまで行っていた仕事が中断されるため、ミスの温床にもなります。

対処法としては、**電話対応を時間ごとの当番制にするのは一つの手です。**他にも、顧客情報をまわりの人と共有し、**自分以外の人も対応できる状態をつくっておく**ことで、自分への割り込みの集中を緩和することができます。

ここまで割り込みの相手ごとに対処法を見てきましたが、私がもう一つおすすめしたいのは、**1日の段取りのなかに「割り込みOKタイム」をあらかじめ設けておくこと**です。

たとえば、14時から16時までの2時間を割り込みOKタイムに設定したら、これをまわりにも伝え、割り込み仕事は極力この時間帯にまとめてもらうようにします。そうすることで、他の時間帯はできるだけ自分の仕事に集中できる環境をつくります。

段取りの主導権を握り、**ミスをなくしていくためには、割り込みのコントロールが極めて重要**です。割り込み相手への交渉や、割り込みを減らすための仕組みを駆使して、割り込みを減らしたり、なくす努力が欠かせません。

割り込みに振り回されている人は、割り込みに限らず、自分の許容量を考えずに仕事を安請け合いする傾向はありませんか?

許容量を超えて仕事を抱え込めば、すべての仕事が中途半端になり、ミスや仕事の質の低下を招きかねません。改めて仕事への向き合い方を見直すきっかけにしてみてください。

19

ミスをしない人は、割り込みに交渉して、割り込みを減らし、なくしている!

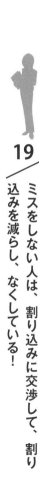

20 ミスをしない人は仕事の目的を理解し、ミスをする人はとりあえず仕事をする。

コピーやお茶出しなど、単調に思える仕事もあるでしょう。

しかし、**どんな仕事も誰かの役には立っていて、上司やチームメンバーの目的に沿った大事な役割を担っています。**

その目的を理解して仕事にとり組むことが、ミスをなくし、質の高い仕事を実現するために大切なのです。

たかがコピーと思うかもしれませんが、**目的を意識したコピーとそうでないコピーには、明らかな差が生まれます。**

たとえば、会議での配布資料を複数部コピーする場合を考えてみます。

目的を意識する人なら、会議の参加者を上司に確認するのはもちろんのこと、年配社員が含まれていれば、文字がはっきり読めるよう印刷濃度を高めに設定したり、細かな文字も読みやすいように拡大コピーを選択したりするでしょう。

会議資料は何のために用意するのでしょうか。参加者同士の議論を深め、よりよい結論を導き出すという**会議目的に貢献するため**です。

このコピーは何のためで、誰が使うのか。また、どのような事態が想定されるのか。目的とその先の展開を想像してはじめて、使う人の期待に沿った仕事となるのです。**仕事ができる人やミスをしない人は目的を意識して仕事をしているのです。**

一方、目的を意識しない人は、「コピーして」と言われたら、そのままコピーします。その先の展開も想像しないので、場合によっては読みにくい資料になってしまいます。**目的があいまいだと、何のためにその仕事をやるのかよりも、その仕事をこなすこと自体が目的になりがち**です。「コピーをする」という「手段そのもの」に意識を向けてしまうのも、「ミスをする人」に共通する思考パターンです。

仕事に慣れていない新入社員の場合、仕事の目的を自分で考えて理解するのは難しいかもしれません。指示を受けた時点で、上司から目的を説明されていないなら、自分から確認する必要があります。

そこで、仕事の指示を受けるときに役に立つのが、「はきもの」のフレームワークです。**「はきもの」とは、「は：その仕事が発生した背景」「き：期限」「も：その仕事の目的」「の：作業の能率を上げるための情報」のこと**です。目的だけでなく、目的を理解するために知っておきたい仕事の背景や、ミスなく仕事を進めるために不可欠な期限や能率も合わせて、効率よく聞き出すことができる便利なフレームワークです。

「過去半年間のクレームを集計してほしい」と上司から指示されたとします。「はきもの」のフレームワークを使い、仕事にとりかかるうえで必要な情報を上司から聞き出すと、こうなります。

あなた「私たちの部門をとり巻くクレームについての背景ですが、ここのところクレームの数は増えているのでしょうか」

上　司「そうなんだよ。残念ながら、昨年に比べてクレームが2倍に増えているんだよ……。だから早急に再発防止策を講じたいと考えているんだ」
あなた「そういった背景があるのですね。ところで、集計期限はいつまででしょうか」
上　司「来週水曜の午前中いっぱいまでにお願いしたい」
あなた「こちらの集計データはどのように活用されますか」
上　司「今月末の営業会議で、クレームの上位三つについての再発防止策を考えたい。そのための資料だ」
あなた「それでは集計の進め方としては、半年間のクレームを合計し、上位三つをリストアップし、資料のなかで強調すればよいですね」
上　司「そうだ。それで進めてほしい」

仕事の目的をしっかりと理解し、期限を把握し、さらに仕事の進め方に関しても合意をとっておくことで、ミスのない、質の高い仕事へとつながっていくのです。

20　ミスをしない人は、目的を理解し、その先の展開を想像している！

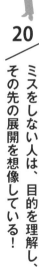

21 ミスをしない人はゴールから逆算し、ミスをする人は積み上げ式で仕事をする。

ミスなく仕事をするうえで、目的の理解と同じく大事なのが、ゴールイメージ（完成のイメージ）を持つことです。**相手がどのような仕上がりをイメージしているのか、どのような品質を求めているのかを把握することが大切**です。

「ミスをしない人」は、ゴールイメージから逆算して、何をどうすべきかを考えながら仕事にとり組んでいます。だからこそ、相手の意図や期待に沿った成果を上げることができるのです。

反対に、現状を起点に考えて行動することを、「積み上げ式」と呼びます。**明確なゴールイメージを持たずに仕事にとりかかるため、自分の思い込みで勝手に進めてしまいがち**です。

積み上げ式は、「ミスをする人」によく見られる仕事のやり方と言えます。

ゴールイメージの難しさは、それぞれの頭のなかにあることです。そのため、自分が思い描くゴールイメージと、相手が期待するゴールイメージが異なることがよくあります。ゴールイメージが共有されていないと、「この仕上がりは思っていたのと違う」と相手から低く評価されてしまうかもしれません。やり直しや手戻りが生じれば、効率は著しく悪くなります。

ゴールイメージの共有には、やはり対話が一番です。提案書を作成する場合なら、提案書の趣旨や話の流れ、ポイントなどを箇条書きにして、事前に上司に相談しておくと、互いのゴールイメージにズレがなくなります。

私は企業の5S活動（整理・整頓・清掃・清潔・しつけ）の支援も行っていますが、ここでも事前にゴールイメージを共有しています。

「働きやすい環境をつくる」と言っても、そのイメージは人によってさまざまです。机上には何も置かない状態が集中できるという人もいれば、山積みの書類が隣の人との壁になって、かえって集中できるという人もいるかもしれません。

そこで、「働きやすい環境とはどのような環境か」を考えることから始めます。それは、動きにムダのないデスクまわりなのか、自然と会話が生まれる環境なのか。**皆でゴールイメージを共有し、そのゴールイメージに向かって活動を進めることで、皆の心がワクワクするような職場環境に変えていく**のです。

仮に、ゴールイメージを設定せずに5S活動を始めたら、どうなるでしょうか。

「皆の机の上が汚いな。とりあえず机の上をきれいにするところから始めよう」

「そういえば備品室にものが散らばっていたな。あそこも片づけよう」

これでも、その場はきれいになるかもしれません。

しかし、場当たり的な対処法では、本当に手に入れたい結果を手に入れることはできません。特に5S活動のような職場ぐるみの活動は、まわりを巻き込み、活動を継続させていくことで効果を発揮します。そのためのゴールイメージの共有でもあるのです。

ゴールイメージを共有したあとも、折に触れて相手に確認して、より一層目指すゴールに近づけることを意識してみてください。項目18で紹介した「段取りを1日3回見直す習慣」と同じで、ゴールイメージの確認も3回が目安です。

仕事にとりかかる前のすり合わせが1回目。次に、3割ほど進んだ段階で、「こんな感じで進めていますが、イメージと合っていますか?」と確認するのが2回目。そして、7割ほど仕上がった状態で、3回目の確認をします。

こうして、必要に応じて修正を加えることで、自分の思い込みによるゴールイメージとのズレをなくしていきます。

なんとしても避けたいのは、**ほぼ完成した段階になって、「これは意図したのとは違う」とやり直しが生じること**です。**仕事を抱え込むことのリスクはここにもあります。**

「段取り八分」という言葉があります。これは、仕事がうまくいくかどうかは、事前の段取りの段階で決まっているという意味です。相手の意図に沿ったミスのない仕事をするには、事前のゴールイメージの共有に時間をかけることが大切です。

21 ミスをしない人は、ゴールイメージを共有している!

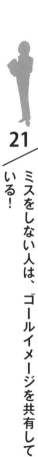

22 ミスをしない人は「小さな目標」を設定し、ミスをする人は「大きな目標」を掲げる。

将来の夢や目標を大きく持てば、そこに向かうエネルギーになります。「将来は海外で働きたい」とか、「世のなかに役立つ商品を開発したい」といった目標がある人は、将来の夢の実現に向かって、日々の仕事に真剣にとり組んでいることでしょう。

いま述べたのは、「到達までに時間的な乖離がある」という意味での「大きな目標」です。

「大きな目標」には、もう一つ、「大きな塊」という意味もあります。一気に片づけるには漠然と大きすぎて、どこから手をつけていいかわからないような目標のことです。

たとえば、「チームメンバーの業務分担を見直す」「業務手順をマニュアル化する」「新商品の販促策を考える」などは、一気に仕上げるのは大変という意味で、大きな目標に分類できます。

ここでは、後者の「塊」という視点で目標設定を考えてみましょう。

大きな目標をお題目のように掲げていても、なかなか行動にはつながらないものです。項目04の「ミスをしない人は苦手なことにすぐにとり組む」でも述べましたが、漠然とした大きな目標は、仕事の先送りと、それによる納期遅れのミスの原因になります。

そのため、**仕事の先送りをなくすコツは、「小さな目標」を設定すること**です。大きな目標の塊を、**実現可能で具体的な小さな塊に分解(＝チャンクダウン)していく**のです。「ミスをしない人」は、大きな目標をいくつかの小さな目標に置き換えることで、仕事のハードルを下げ、着実に行動に移すことを意識しています。

ある企業研修でのとり組み事例を紹介しましょう。

働き方改革の一環として、働きやすい職場への改善を目指すことになりました。その活動の中心は、一般職の女性社員です。彼女たちは職場の改善に意欲的です。

しかし、何の後ろ盾もない自分たちが改善を主導していくことに、ためらいを感じていました。

そこで、研修の場を使って新たな試みを始めました。職場改善に関する知識やスキルを身につけた社員を「改善士」とし、職場の改善活動にお墨つきを与える認定制度をつくったのです。改善士になるための学びの場を設け、そこで学んだ人が自信を持ってまわりに働きかけていけるようにするのが狙いです。

認定制度と学びの場は、研修の参加者が自分たちでつくっていくことになりました。

さて、どうやってつくっていくのか。何から始めればいいのか――。「学びの場をつくる」という大きな目標を前にして、参加者の方々は最初、戸惑った様子でした。

そこでまず、はじめの一歩をどうするかを話し合いました。その結果、「学びの場のニーズが本当にあるのか」を知るために、職場でのヒアリング調査を行うことにしました。ニーズを確かめるためのヒアリング調査なら、それほど負担に感じることなく、すぐにとりかかることができます。これが、実現可能で具体的な小さな目標です。

ヒアリングの結果、「デスクまわりの戦略基地化の実現から着手する」という目標が生まれ、とり組みは動き出しました。

このように、**最初の一歩を明らかにして、着実に行動につなげていくことが大切です。**

また、小さな目標の設定は、資格試験の勉強にも応用できます。たとえば、1年後に資格取得を目指すとして、そのために何から始めるべきかを考えてみます。

まず「試験科目を調べ」、次に「各科目の試験問題の傾向を知り」、「自分の得意科目と不得意科目を見極めたうえで、試験までにどの科目に何時間を費やして勉強するのか計画を立てる」という小さな目標に分けることができそうです。

「これをやらなきゃ」と思っているだけで、手をつけられていないのは、目標が大きすぎるのかもしれません。特に提案書や企画書など考えなければならない仕事（ナレッジワーク）は、一度に全部を仕上げようとするのは大変です。

仕事にとりかかる心理的負担をとり除き、一歩踏み出すには、小さな小刻みの目標を設定するところからスタートです。

22 ミスをしない人は、大きな目標を、小さな目標に分解している！

第4章

整理整頓 編

23 ミスをしない人はものを潔く捨て、ミスをする人はとりあえず残しておく。

世界に賞賛された日本人の「もったいない」の精神。リサイクルやリユースが目的であればいいのですが、「捨てるのはもったいない」という理由で**なんでもかんでも残そうとするのは、「ミスをする人」の典型的な特徴**です。

書類やものを「いつか使うかも」と残しておくと、デスクの上や引き出しのなかは、またたく間に書類やものであふれます。デスクまわりが散らかっていると、大事な書類を紛失したり、必要なものを必要なタイミングでとり出せなかったりと、不備が生じます。こうした不備は、ミスを引き起こす原因になります。

実は私も以前はものが捨てられず、デスクの上は書類の山でした。あるとき、お客様から進行中の研修について問い合わせがありました。資料を探すのに時間がかかり、電話口でお客様を待たせてしまったのです。すると、お客様がひと言、

「その調子では、先生に信頼してお任せできませんね」

と、私は仕事のチャンスを逃してしまいました。

机上の乱れは、心の乱れにもつながります。ある企業の5S活動に伺ったとき、社員の方がおっしゃった言葉を今でも覚えています。

「毎朝、自分の散らかった机を見ると、『うわーっ』って思うんです。仕事も何から手をつけていいかもわからず、手当たり次第にやってしまう。優先順位もつけられず、集中してやることもできない。この状況から脱出したいです」

朝をどう過ごすかでその日の生産性が決まるほど、朝のスタートダッシュは大事です。このように心が乱れた状態で1日をスタートすると、イライラしたり、集中力が奪われたりしてミスも起こりやすくなります。

「ミスをしない人」は、いらないものを躊躇なく捨てていくので、デスクの上も引き出しのなかも、必要なものしか置いてありません。「あれがない」「あれはどこに行った?」と**探し物に煩わされるストレスがなく、心と時間に余裕が生まれます。**

これが「ミスをする人」との大きな違いです。

「いつか使うかもしれない」とか「念のため」と思うと、なかなかものを捨てられません。捨てるルールを明確にしておくことで、この執着を断ち切ることができます。

たとえば、『人生がときめく片づけの魔法』（サンマーク出版）の著者・近藤麻理恵さんの捨てるルールは、「手に触れてみて、ときめかなければ捨てる」という非常にシンプルなもの。プライベートでの整理整頓では、このように感情的な価値で判断するのも一つの方法です。

そして、特に溜まりがちなのが書類です。書類を捨てるルールとして、研修やセミナーでお伝えしているのは、**「過去半年間一度も見なかった書類は捨てる」**。その際、**「10秒で判断する」**ことを意識してみてください。これで、ずいぶん迷いを絶つことができます。

それでも判断に迷った場合は、**「迷い箱」**を使います。幅10センチ程度の書類立てを用意し、捨てるか残すか決められなかった書類を一時的に保管しておきます。その後、3カ月のうちに一度でも見た書類は残し、一度も見なかった書類は今度こそ廃棄します。

これを参加者の方々に実践していただくのですが、迷い箱に入れた書類を3カ月以内に一度でも見たという人は、50人のうち、一人だけでした。つまり、半年間一度も見なかった書類は、捨てても困らない書類なのです。

私は最近、自宅の書棚の本を1000冊ほど処分しました。私のルールは、「この1年一度も手にとらなかった本」と、「自分のなかでのブームが去ったカテゴリーの本」です。処分して改めて感じたのは、**自分の好きなものや必要なものだけに囲まれてシンプルに暮らすことの心地よさ**です。雑多なもののなかから、必要なものを選び出さなければならないストレスよ、さようなら！　この心地よさは、クセになります。

あれもこれも残しておくことが、必ずしも仕事や人生で役に立つわけではありません。

いらないものは捨てて、必要なものだけ残して、デスクの上や身の回りをシンプルに整えておく。そうすれば今やるべきことに集中できて、ミスを防ぐことができます。

まずは、自分なりのルールに沿って、いらないものを捨てていきましょう。

23 ミスをしない人は、捨てるルールを明らかにしている！

24 ミスをしない人はものを置く場所を決め、ミスをする人は適当にものを置く。

必要なものをサッととり出せないのは、ものが多すぎて探し出せないことのほかに、ものを置く場所が決まっていないことも原因です。

いつも探しものに追われている人は、**使ったものを置きっぱなしにしたり、「とりあえずここに置いておこう」と適当な場所に置いたりする傾向**があります。

それでどこに置いたのかわからなくなり、探すための時間をムダに費やしたり、いざというときに必要なものが見つからないという不備を招いたりするのです。

「ミスをしない人」は、あるべきものがあるべき場所にある状態を維持しています。 必要なものが必要なときにとり出せるので、サクサクと仕事を進めることができます。

それができるのは、ものに住所が決められていて、使用後は所定の場所にきちんと戻されているからです。つまり、**「定置管理」が徹底**されているのです。

そもそも使い終わったものを元の場所に戻すのに、それほど時間はかかりません。たったの数秒です。

しかし、この微々たる行動の集積が、デスクまわりの環境に大きく影響し、「ミスしない人」と「ミスをする人」を隔てる結果となっています。

逆に、一方でこうも言えます。この数秒の手間さえ惜しまなければ、デスクまわりをスッキリした状態に保つことはそれほど難しいことではないのです。

定置管理を実践している企業では、**定置管理を無理なく続けられるような仕組みを工夫しているところ**もあります。

たとえば、キャビネットで保管する共有ファイルは、誰かが持ち出したまま行方がわからなくなることがよくあります。そこである企業では、棚の1段目は赤、2段目は青、3段目は黄色……のようにファイルの背表紙の色を統一することで、自然に元の場所に戻せる仕組みをとり入れていました。

製造業の現場でよく見られるのは、抜型を活用した工具管理です。工具がピタッと収まる形にくり抜かれていて、使用後は意識せずともその場所に戻せる仕組みです。これなら何が不足しているかも一目瞭然です。

抜型による定置管理は、ハサミやボールペン、ホチキスなど引き出しのなかの備品整理にも活用できます。


これらの事例は片づけられない人に特に参考にしてもらいたいものです。

ほぼすべての片づけられない人は、片づけを習慣化できていません。かといって、「定置管理を徹底しよう」と意識するだけでは長続きしません。「どこに戻そう?」と考えなくても、おのずと元の場所に戻せる仕組みをつくることが何より重要なのです。

「ミスをしない人」はそのことをよく理解していて、習慣化のための工夫をしています。

そして、定置管理を習慣化するには、前述のとおり、色と形の活用が効果的です。


ものの住所が決まると、その場所で管理できる量がおのずと決まるため、常に管理できている状態を維持していると、「探しても見つからないから、買い足す」というムダがなくなります。

また、自分に必要なものを定置管理できる人は、心にも余裕が生まれます。**余計なもの**

に心を乱されず、目の前の仕事に集中できるので、仕事の質も高まります。大切なものや必要なものだけに集中する姿勢やあり方を、私は**「これだけ主義」**と名づけました。

私の友人に、「これだけ主義」を貫き、豊かな人生を謳歌している女性がいます。

たとえば、ハンカチは5枚だけ。お気に入りの材質やテイストのハンカチで揃え、それ以外のハンカチは処分。もしくはそれ以上に増やさないと決めています。

旅行に行くときは、一つの場所だけを訪れます。「ついでにあそこにも寄ってみよう」と予定を詰め込むことはしません。一つの場所をじっくり堪能します。

すなわち、**自分にとって大事なことに集中し、存分に味わい尽くす。「これだけ主義」は、人生を豊かに過ごすための秘訣**なのかもしれません。

場の乱れは、心の乱れを生み出します。まずは、あるべきものがあるべき場所にある状態をつくり、ミスなく仕事を進められる環境を整えましょう。

24 ミスをしない人は、定置管理を徹底している！

25 ミスをしない人はデスクまわりを戦略基地化し、ミスをする人はデスクまわりを空き地化する。

前項の定置管理を徹底することで、デスクまわりが整いました。心に余裕を持って仕事にとり組める環境になったことでしょう。

しかし、常に最高のパフォーマンスを発揮するには、もうひと工夫が必要です。それは、**作業スピードや作業効率を意識した「デスクまわりの戦略基地化」**です。

定置管理が徹底されても、毎日使うものが2段目の引き出しの奥にしまわれていたらどうでしょうか。毎回、奥からとり出すのに手間がかかります。次第にとり出すのが億劫になって、それなしで仕事を進めようとして、ミスにつながるかもしれません。

ものが意図なく適当な場所に置かれていると、仕事がはかどらないばかりか、ミスも誘発されてしまいます。

ミスをする人はどこにしまえばいいかを考えません。

デスクは本来、必要なものがサクサクとり出せ、仕事を効率的に進めるための「戦略基地」です。どんなものもワンアクションでとり出せて、しまいやすい。仕事でミスの起きにくい理想のデスクまわりとは、このような状態を指します。

デスクが戦略基地として機能するためのポイントは、二つあります。

一つ目は、作業動線と、ものの使用頻度を考えたレイアウトです。

一例をあげると、ペンはペン立てに立て、メモと一緒に利き手側に配置。電話機はその反対側に置くことで、電話が鳴ったときにすぐに必要なものを手にとることができます。引き出しのなかは、よく使うものが手前にあれば、とり出すときの動作にムダが生じません。

書類のとり出しやすさを考えれば、**書類は平積みではなく、「立てる」が鉄則**です。平積みされた書類は、その上に次から次へと新たな書類が山積みされ、埋もれて放置される恐れがあります。ファイルボックスを活用して書類を立て、「見える化」することで、必要なときにサッととり出すことができます。

二つ目は、書類の流れを止めないことです。

書類の整理は、デスクの戦略基地化を図るうえで最も肝となる部分です。これを抜きに、ミスなく仕事がはかどるデスクまわりは完成しません。

というのも、書類は日々発生するので、「とりあえず」と無造作にデスクの上に置いておくと、すぐに積まれていき、瞬く間に書類の山ができてしまうからです。

書類の山があるところにミスあり。山の下のほうからは、なくしたと思った重要な資料や、期限のすぎた申請書類が出てくるかもしれません。

書類の山をなくすには、書類を溜め込まないことです。すなわち、**書類の流れを止めないこと**です。

「ミスをしない人」は、書類を滞らせないための「流す仕組み」を工夫しています。

私が推奨するのは、書類の進捗状況に合わせて**三つのボックス**で管理する方法です。

これから着手する書類や処理中の書類は**「未処理」ボックス**、上司や他の担当者からの返事待ちの書類は**「進行中」ボックス**、処理が完了した書類は**「処理済」ボックス**に入れます。進捗に合わせて書類を移動させれば、書類の流れを止めることはありません。

処理済の書類は、ボックス内に放置せず、次のアクションに移します。チームで保管する、あるいは保存すべき法定期間が定められているものは書庫で保存する、などの運用ルールを決め、**「保管」→「保存」→「廃棄」という流れで管理**します。「廃棄」に向けて流すことで、書類が滞留し、際限なく増えていくことを防ぐことができます。

一方、**「ミスをする人」のデスクまわりには、書類を流す仕組みがありません。**書類を何気なく平積みするため、書類は溜まる一方です。たとえデスクの上をきれいに片づけたとしても、流す仕組みがなければ、すぐに書類であふれかえる乱雑なデスクに逆戻りするでしょう。

ミスなく仕事がはかどるデスクは、**単にものが片づけられたきれいなデスクではありません。**動線を考えたレイアウトと、書類を流す仕組み。この両方を兼ね備えた戦略基地が、仕事でのミスを防ぎ、仕事の効率を高めるのです。

25 ミスをしない人は、書類を流す仕組みをつくっている！

26 ミスをしない人はちょこちょこと片づけ、ミスをする人は一気に片づけようとする。

ついに、デスクまわりが戦略基地化されました。あるべきものがあるべき場所にあり、かつ、必要なものがサクサクとり出せる環境が整ったのです。

ここからは、整理整頓された状態を維持していくこと、つまり「片づけの習慣化」に取り組んでいきます。

ミスなく仕事がはかどるデスクまわりの完成まで、あと一歩です！

しかし、問題は、ここでつまずく人が多いということです。**「片づけの習慣化」が最後の大きなハードルと言っていい**かもしれません。

企業の5S活動でも、デスクまわりの戦略基地化は最重要テーマの一つです。片づけを習慣化させるために「5Sタイム」をとっている企業もあれば、1週間ごとに片づけ状況を自己チェックし、点数を「見える化」する仕組みを導入している企業もあります。それにもかかわらず、デスクまわりが次第に乱れていき、元の状態に戻ってしまう職場は少なくありません。

その原因は、「片づけは重要だとわかってはいるが、緊急ではない。毎日の忙しさに紛れて、つい後回しになってしまう」ことにあるようです。「いつか時間をとって、一気に片づけたい」と思ってはいるものの、その時間がなかなかとれないのが実情なのです。

一方で、片づけの習慣化に成功している職場もあります。挫折してしまう職場とは、いったい何が違うのでしょうか。

一番の違いは、1日の終わりの片づけタイムを強制的に設けていることです。

ある企業では、定時の前の15分間を片づけタイムに設定し、全員で片づけを行っています。これは全員に課された職場のルールです。

最初のうちは、「忙しいのに、こんなことをやってる暇はない」と渋々片づける社員も多かったようです。しかし、毎日続けていくうちに、サクサク仕事がはかどる環境を心地よいと感じるようになり、片づけが習慣化されていったと言います。

何事にも言えることですが、**習慣化で大事なことは、一気にやろうとしないこと。**細切れに少しずつやっていくのが長続きのコツです。

片づけに関しても、**1日の終わりのたった15分でかまいません。出したものを元の場所に片づけて、デスクまわりを整える時間を確保**します。

その代わり、執務中は多少ものが散乱していても気にしません。出したものがそのままになっていてもいいでしょう。**執務中は完璧を目指さず、60％くらいの片づけでよしとします。**そして、1日の終わりに、15分かけて100％を目指します。

最後の15分で片づける場所は、次の3箇所を意識してみてください。

一つ目は、パソコンのなかです。デスクトップに仮置きされたままのファイルは、分類してフォルダに入れます。使用済みで不要になったデータはゴミ箱に入れます。デスクトップにはむやみにファイルを置かず、スッキリした状態にしておきます。

二つ目は、デスクまわりです。備品の定置管理を徹底するほか、書類は進捗状況に応じて「未処理」「進行中」「処理済」のボックスに戻します。

三つ目は、ＴｏＤｏの確認です。その日のＴｏＤｏのうち、完了していないものがあるかを確認します。上司や他の担当者からの返事待ちで「進行中」ボックスに入ったままの書類があれば、「明日の朝、一番に担当者に確認」と付せんに書いて貼っておくなど、翌日の段取りをイメージしながらＴｏＤｏと書類を整理します。

この３箇所を１日の終わりに片づけておけば、次の日の朝、気持ちよく１日を始めることができるでしょう。

習慣化を目指して、まずは3日間、とり組んでみてください。３日間続けられたら、自分を認め、褒めてあげましょう。片づけができたら、帰りにいつもよりちょっと贅沢なチョコレートを買うなど、**自分にご褒美をあげるのもいいでしょう。**

その次は、３週間です。「サボっていたら、声をかけてね」と**まわりの人の協力をあおぐなどまわりを巻き込みながら、3週間を目指します。**３週間続けることができれば、３カ月に向けてはあと一歩。ほぼ習慣化は成功です。

26 ミスをしない人は、1日の終わりに15分の片づけタイムを習慣化している!

第5章

コミュニケーション 編

27
ミスをしない人は上司の指示に質問で応え、ミスをする人は上司の指示に返事で応える。

上司から口頭で指示を受けるとき、あなたはどのようにして受けていますか。

指示内容を忘れないように、メモをとりながら指示を受けている人もいるでしょう。

「ミスをしない人」は、これに「質問」を加えます。 上司の指示に対して質問することで、指示の確実な遂行のみならず、上司の意図や期待に沿った仕事を成し遂げています。

私の事例を紹介しましょう。新たなセミナー用のコンテンツを企画し提案する折に、その提案書の「リード文＝説明文」の作成をスタッフに依頼したときのことです。私がプログラム内容を一通り説明すると、彼女はこう質問しました。

「このプログラムが、他のプログラムと圧倒的に違う点は何ですか」

ポイントを押さえた質問だと思いました。提案書をつくる目的は、他との違いを打ち出し、自分たちのプログラムをアピールし、採用いただくことです。その目的を達成するために必要な情報を、自分から質問して聞き出してくれたことで、訴求力の高い内容になりました。

このように、質問を駆使して指示を正しく理解しようとする人には、安心して仕事を任せられます。

彼女があのような質問をしたのは、**先の展開を想像しながら指示を受けていたから**です。

自分がその仕事にとり組むところを想像してみると、明確にイメージしにくい部分が出てくるものです。上司からの情報が不足している場合もあれば、自分の経験不足が影響している場合もあります。

「この場合はどうするのだろう?」「訴求すべきポイントはどっちだろう」といった疑問が湧いたら、質問を通して明らかにしていく。こうした**疑問を持つことが、指示を正しく理解し、正しいゴールイメージにたどり着くためには大切**なのです。

上司の指示はいつも完璧とは限りません。

だからこそ、質問して情報を補う必要があります。

上司のタイプはさまざまです。部下の視座で、わかりやすく丁寧に指示を与える上司もいれば、「これくらい説明しなくてもわかるだろう」と思い込んで、詳細な情報を省略する上司もいるでしょう。

上司の指示がわかりにくかったり、情報が不足したりしている場合は、自分から働きかけて意図を理解しようとする。これが「ミスをしない人」の指示の受け方です。

一方、上司の指示に対して、「はい、わかりました！」と元気よく返事したものの、上司の意図に反する仕上がりになってしまうことがあります。

これは、上司の意図や目指すゴールを正しく理解していないことが原因ですが、そもそも指示をあいまいに聞いているため、疑問も質問も生まれてこないのです。

「ミスをする人」に共通する特徴に、「わかったつもり」の思い込みがあります。これは経験者やベテラン社員によく見られます。「自分は経験があるからわかっている」という根拠なき自信が邪魔をして、上司の指示の真意に思いが至らないパターンです。

もう一つは、上司に質問しようにも、何を質問すればいいかわからないというものです。

特に知識や経験が不足している人の場合、「こんな質問は見当違いではないだろうか」という不安があるようです。何がわからないのかがわからない。これが一番の悩みです。

アドバイスとして、いくつか質問のパターンを持っておくことをおすすめします。項目20で紹介した「はきもの」（背景、期限、目的、能率）のフレームワークは、上司の指示の意図を的確に理解するのに便利です。ぜひ活用してみてください。

また、「この仕事において一番大事なことは何ですか」「押さえるべきポイントは何ですか」のように、**仕事の肝の部分を効率的に聞き出すためのオープンクエスチョンを用意しておく**のも手です。

指示をただ聞くだけでは、目的やゴールイメージを正しく理解できていない場合が多いものです。自分から質問して情報不足や理解不足を補うことで、「意図とは違う」仕事を減らしていきましょう。

27 ミスをしない人は、自分から働きかけて、必要な情報を聞き出している！

28 ミスをしない人は話の内容を頭のなかで組み立て、ミスをする人は頭に思い浮かんだまま話す。

仕事では多くの場合、上司を含むまわりの人を巻き込んでいかなければなりません。巻き込むには、相手を説得し、理解と協力を得る必要があります。そのための「伝えるスキル」が求められています。

ところが、伝え方がマズいために、相手に正しく理解されなかったり、誤って解釈されたりして、こちらの意図したアウトプットにつながらないことが起きています。

これがチームやプロジェクトで仕事をする際に、最も多く見られるミスの一つです。

もし、上司への提案がことごとく却下されるのなら、受け止める側の上司というよりも、発信する側のあなたに問題がないか、考えてみてください。上司の「イエス」を引き出せるような伝え方をしているのか、一度チェックしてみると、あなたの伝え方に改善すべき点が出て来るかもしれません。

伝え方に問題がある人は、頭に浮かんだことをそのまま話そうとする傾向があります。

「相手が知りたいことは何か」

「どんな順番で伝えるとわかりやすいのか」

これらを整理せずに、自分が伝えたいことを一方的に話すので、情報が不足したり、ポイントがずれてしまったりすることが多いのです。

ですから、いくら一生懸命に伝えようとしても、意図が正しく伝わらないのです。

意図を正しく伝えられる人は、話す前に相手起点で情報を整理しています。相手はどのような目的で、何を知りたいのか、ということです。

たとえば上司が部下に報告を求める目的は、三つ考えられます。

一つ目は、意思決定のためです。上司が適切な判断や質の高い意思決定をするために、あらゆる角度からの客観的な情報を求めています。

二つ目は、上層部への報告のため、ということも考えられます。さらに上の上司への報告に際して、その上司が判断基準にしているこだわりポイントを押さえた情報を求めています。

三つ目は、次なるアクションのため、ということもあるでしょう。

こうした目的を意識して、目的に沿って話を組み立てることで、相手が知りたいことをストレスなく伝えることができるのです。

相手起点で話を組み立てることが、思いやりであり、相手を大事にしていることにもなります。そういった姿勢は円滑なコミュニケーションのベースとして大事です。

また、**意図を正しく伝えられる人は、話を組み立てる際も、頭のなかに伝えるためのフレームワーク**を持っています。フレームワークは、論理的思考が基になっていますから、これを使うことで筋道立てて伝えることができるのです。

代表的なフレームワークをいくつか紹介しましょう。

ＰＲＥＰ法は、最初に結論（Ｐｏｉｎｔ）を伝え、理由（Ｒｅａｓｏｎ）と具体例（Ｅｘａｍｐｌｅ）で結論を補足し、最後に再び結論（Ｐｏｉｎｔ）でまとめる流れで話を組み立てます。

このように、理由や具体例を述べることで、説得力のある伝え方ができます。

ホールパート法は、まず話の全体像（Ｗｈｏｌｅ）を伝えてから、本論（Ｐａｒｔ）を説明し、最後に改めて結論（Ｗｈｏｌｅ）を伝えるという話法です。最初に全体像を伝えてから本論に入ることで、相手は頭のなかを整理しやすいというメリットがあります。

事実所感法は、事実を述べたうえで、所感を伝えるという話法です。事実と所感を分けることで、聞き手が状況を正しく理解することができます。

これらのフレームワークを、伝えたい相手や目的に合わせて選べば、相手の正しい理解と意図したアウトプットを得ることができます。

まわりを巻き込んで質の高い仕事をするためには、伝え方がカギです。

「上司の理解が得られない。まわりの協力が得られない。そのためにやりたいことが実現できない。意図する結果が得られない――」

こうした問題に直面したら、自分の伝え方を見つめ直すチャンスかもしれません。伝えるスキルを磨いて、ミスのない仕事を実現していきましょう。

28 ミスをしない人は、相手起点で話を整理し、筋道立てて伝えている！

29

ミスをしない人は思いやりメモを渡し、ミスをする人はわかりにくいメモを渡す。

メールや電話（最近はSNSも台頭）が中心のコミュニケーションにおいて、いま改めてその価値が見直されているのが、「メモ」です。

メールを送っても、大量のメールに埋もれて見落とされたり、直接口頭で伝えても相手が忘れてしまったりすることが頻繁に起きています。相手が忙しければ忙しいほど、メールや口頭でのコミュニケーションだけでは伝達事項が抜け落ちてしまいがちです。

その**伝達モレを防ぐ役割が、メモに期待されている**というわけです。

「ミスをしない人」は、メモをうまく活用しています。

金融機関からの送付書類でよく見られるのが、押印箇所をわかりやすく伝える付せんメモです。

たとえば、契約書に記入・押印したうえで返送する場合、「1枚目と2枚目に押印してください」と送付状に書かれているだけでなく、契約書の押印箇所にも「ここに押してください」とコメントが書かれた付せんが貼られているのを見たことがありませんか。たしかにこれなら契約者も見落としにくく、押印モレを防ぐことができます。

このように効果的に使えば、**メモには相手を動かす力があります。**付せんの色や形は相手の注意を喚起しやすく、そこに的確な指示やコメントを添えれば、相手がおのずとアクションを起こすよう導くことができます。

「ミスをしない人」は、そうやって自分が意図する結果を手にしています。

上司に書類を確認してほしい場合にも、メモは効果的です。デスクの上に書類を置いておくだけでは、忙しい上司の場合、なかなか目を通してもらえないでしょう。

そこで、ポイントを付せんに箇条書きして、「○○の箇所を△日までに確認をお願いします」と書いておけば、スキマ時間にサッと目を通してくれる確率が高まります。

わかりやすいメモは、相手の理解を助け、確認の負担を軽くします。やり直しなどの二度手間も減らします。**わかりやすいメモは、「思いやりメモ」でもある**のです。

一方で、わかりにくいメモも時々目にします。見ても何をすればいいのか伝わらないメモは、わかりにくいメモです。

たとえば、書類のどの部分を確認すればいいのかパッと見てわかりづらいメモや、ダラダラと書き連ねられているメモは、メモの効力が発揮されているとは言えないでしょう。

忙しい相手をこちらの意図どおりに動かすには、「伝えたいこと」や「してほしいこと」が端的に記されたメモでなければなりません。

ところで、最近、私がもらって感動した思いやりメモがあります。

私が愛用する洋服のブランドショップの店長さんが、カタログを送ってくださいました。カタログを開くと、ところどころに付せんが貼ってあり、コメントが書かれていました。

「このブラウスは、この前お買い上げいただいた黒のスカートに合わせていただくと、パーティなどのシーンでも素敵に着こなしていただけますね」

好みや購入履歴を覚えていて、私のワードローブとコーディネートしやすく、着こなしを楽しめる洋服を提案してくださったのです。「よく覚えてくださっているな」とうれしく思い、後日ショップに行き、すすめられた洋服を購入しました！

　こういったメモの使い方は、顧客の購買意欲を高めるだけでなく、心の距離を近づけ、信頼関係を構築するうえでも効果的なのでしょう。


　いまはネット上で商品の比較や購入が簡単にできる時代です。スピードや利便性は増しましたが、ややもすると無機質なやりとりになりがちです。

　だからこそ、**人の温かみが感じられる手書きメモが生きてくる**のです。思いやりメモを使うことで、相手の記憶や印象に刻まれたり、「またここで買いたい」と思ってもらえます。メモの賢い活用法はまだまだあるのではないでしょうか。

　メールや口頭でのコミュニケーションに加えて、ぜひ思いやりメモを効果的に使って、仕事の質を高めることを意識してみてください。

29
ミスをしない人は、思いやりメモを使って相手を動かしている！

30

ミスをしない人は気がきく仕事をし、ミスをする人は言われたことだけする。

夕暮れ時、ホテルのラウンジでコーヒーを飲みながら打ち合わせをしていたときのこと。窓からの景色にはオレンジ色の東京タワーが浮かび上がり、雰囲気もバツグン！

しばらくして、女性スタッフがコーヒーのお代わりを注いでくれました。

ところが――。

「うわっ、ぬるい！」

カップには飲みかけの冷めたコーヒーが残っていました。そこに注ぎ足したのです。それまでの優雅で贅沢な気分が台なしになってしまいました。

なぜこのようなことが起きたのでしょうか。

このスタッフは、決められたとおりに仕事をしたのだと思います。お客様のコーヒーがなくなったら、「お代わりはいかがですか」と声をかけて、お代わりを注ぐ。その点においては間違ってはいません。

ただし、ちょっと残念な対応だなあと思います。

コーヒーのお代わりを注ぐきまりだから、(冷めたコーヒーが残っていたけれど、そのまま)注いだ。コピーをとるように頼まれたから、(年配の人が使う資料だったけれども、小さな文字のままで)コピーした――。言われた「1」のことに対して、「1」の答えしか返さない人は、「気がきかない人」とレッテルを貼られることになります。

わざわざ口に出して言うほどではないけれど、「こうしてくれると助かるな、うれしいな」と思うことがあります。

たとえば、上司が部下に「来週の会食は、いつもの店の個室を予約しておいて。ちょっと込み入った話があるから」と頼んだとします。お店に連絡すると、あいにくその日は一杯でした。気がきく部下なら、こう考えるでしょう。

「あのお店は予約でいっぱいでした、だけでは上司も困るだろう。個室あり、場の空気を乱さない対応をしてくださるお店を探して、提案しよう」

こうしたことは、先の展開を予測し、「相手が望むことは何か」に思いを巡らせてみれば気づくことができます。つまり、**「気がきく」とは、「相手を思いやる」**ことなのです。どんな仕事にも「相手」がいます。相手ありきの仕事では、相手が手に入れたいゴールにできるだけ近づけることが求められます。それが相手の納得と満足を生みます。

そのためには、言われたことをやるだけでは不十分。「気がきく仕事」をしてはじめて、相手が満足する仕事になるのです。


一方、相手が気づいてほしいことに「気がきかない仕事」は、相手に不満を抱かせます。

「気づいているなら言ってくれれば、やり直さなくてもすんだのに」

「その情報を伝えてくれていたら、お客様にもっといい提案ができたのに」

こんなふうに、気をきかせていれば避けられたであろう手間やムダを生むことにもなります。相手はイライラするでしょう。こうした感情的なしこりは、チームの連携を悪くし、チーム全体の生産性を落としてしまいます。


前出のホテルラウンジで、気がきくスタッフならどのように対処したでしょうか。

東京タワーも望める素晴らしい眺望の空間で、日常から離れ、ゆったりとした快適な時間を過ごすためにお客様はこの場所を訪れた。コーヒーはそれをサポートするためのもの。そのように考えて、飲みかけのコーヒーが入ったカップを下げて、新しいカップに温かいコーヒーを注いだことでしょう。あるいは、2杯目以降も常に温かいコーヒーを提供できるよう、仕組みの改善を上司に提案したかもしれません。

気がきく仕事ができる人は、相手起点で考え、行動できる人です。相手が手に入れたいゴールは何か。最終的にどうなることが相手の納得や満足につながるのか。先の展開を想像し、そこに近づくために自分なりの工夫や「＋α」の提案を加えられる人です。

また、「このやり方で相手を満足させられるのか？」と常に問題意識を持ちながら仕事をしています。

そういう人が、「気をきかせてくれてありがとう」と相手から喜ばれ、感謝されるのです。

これが「ミスをしない人」の仕事のやり方なのです。

30 ミスをしない人は、相手の要望を汲みとりながら仕事をしている！

31

ミスをしない人は手待ち時間が短く、ミスをする人は作業待ちの時間が長い。

仕事のなかには、手待ち時間が発生するものがあります。たとえば、上司の決裁が必要な仕事や、他の担当者の作業が完了してから自分が作業するような場合です。

手待ち時間が長くなると、仕事の遅延や納期遅れなどのミスが生じる恐れがあります。

多くの人は、手待ち時間があるのは仕方がないと考えがちですが、「ミスをしない人」はそうは考えません。

まわりに働きかけるのが彼らの基本スタンスです。手待ち時間を当然と思わず、自分の仕事がスムーズに動くように、相手を動かすことを考えます。しかも、相手が気持ちよく、おのずと動いてくれるように導くのです。

一方で、「ミスをする人」は次のように弁解するかもしれません。

「上司の決裁が遅れたのだから、自分にはどうしようもない」

このように完全に受け身で、自分の状況をまわりに委ねようとするのは、「ミスをする人」によく見られる傾向です。

上司の決裁が必要な書類を入れる「決裁箱」を設置している企業は多いと思います。トレーのなかに積み上がっていく書類を、上司が上から順番に見ていくと、下に埋もれた書類はいつまでも未決のまま。これが手待ち時間を増やしています。

「ミスをしない人」は、対策を考えてこの状況を変えようとするはずです。

たとえば、書類を立てて、流れる仕組みを構築するのも一案です。新しい書類は一番左に置き、上司は右側の書類から決裁します。これをルール化することで、早く出した書類から先に決裁される状況をつくることができます。

急ぎの書類と、そうでないものがあるのなら、急ぎの書類は赤いファイルに入れ、そうでない書類は透明のファイルに入れると決めておくのも手です。色によって優先順位が一目瞭然なら、上司はどれから決裁しようかと迷うことなく、サクサクと進めることができます。これも、上司を気持ちよく動かす工夫です。

メールで上司に判断を求めたり、相談したりすることもあるでしょう。このとき、早く返事がもらえるかどうかは、部下の工夫次第です。面倒だと思われて後回しにされない工夫、すなわち「すぐに返事をしよう」と上司に思わせる伝え方が鍵を握ります。

部下の見解が示されていて、それに対してイエスかノーかを答えるだけでいいメール、つまり、上司の手間を減らしてくれるようなメールは、優先順位が高くなります。

一方で、優先順位が低くなるのは、相談の丸投げメールです。「これ、私が全部考えるの？」と上司が面倒に感じるメールは、当然、後回しになります。

相手を動かすには、相手の負担を軽くすればいいのです。「ミスをしない人」はこのことを理解し、相手に働きかけています。

上司への働きかけについては前述のとおりですが、同僚や他部門の担当者との横の関係ではどうでしょうか。たとえば、同僚が作業した後に自分が作業する場合、相手にその仕事を優先してもらう方法はあるのでしょうか。

ここで大事なことは、「あの人の頼みなら最優先で」と思ってもらえるかどうか。そのような関係性を普段から築くことができていれば、手待ちの時間はグンと減るはずです。

いざというときに**まわりから協力を得られる人は、自分もまわりに与えている人**です（項目10を参照）。「ちょっとこれお願い」と同僚から頼まれたときに、いつも気持ちよく応じている人は、自分が必要なときにまわりからの協力も得やすいと言えます。

また、メールや電話1本で頼むよりも、相手のもとに足を運び、直接顔を見ながら頼むほうが相手の感情に響きます。そして、作業が終了したら「ありがとう。おかげで助かりました」。感謝の言葉があると、相手もまた協力しようと思うでしょう。

反対に、まわりから何かを頼まれたときに、忙しそうな空気を醸し出したり、面倒くさそうに対応したりする人は、相手から同じように対応されても文句は言えません。

仕事で関わるまわりの人たちに気持ちよく協力してもらえたら、手待ち時間は減らすことができます。相手がおのずと動くような働きかけを工夫してみてください。

31 ミスをしない人は、相手に働きかけて、手待ち時間を減らしている！

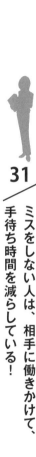

32 ミスをしない人は気軽に聞ける関係を築き、ミスをする人はなんでも自分で抱え込む。

今の若手社員は仕事を抱え込む人が多い――。管理者研修で、こんな声を耳にすることが多くあります。

上司が口々におっしゃるのは、「本人からの発信がない」ということです。

たとえば、若手社員は仕事でわからないことがあっても質問しない、仕事のやり方で悩んでも相談しないと言います。

また、進捗報告がなく、上司からすれば仕事がどの程度まで進んでいるのか、順調に進んでいるのかどうかさえもわからないと言います。

本人からの発信がなければ、手を差し伸べたくても、サポートのしようがありません。

リーダーの方々も、どう対処すればいいのか戸惑っておられるようです。

若手社員が仕事を抱え込むのは、上司側にも原因があって、「上司が忙しそうだから声をかけづらい」という理由もあると言います。

しかし、最大の理由は、本人のこんな心理にあるようです。「こんなことを聞くのは恥ずかしい」とか、「こんな相談をしても大丈夫だろうか」とか、質問や相談をすることで自分の評価が下がることを恐れているというのです。

仕事を抱え込む人は、全部自分でなんとかしようとする傾向があります。

これは一見すると責任感の表れに思えますが、仕事を抱え込むことでさまざまな問題も生じます。定時までに終わらずに残業になったり、納期に間に合わなかったり、相手の期待に沿わない質の低い出来栄えになりかねません。仕事を抱え込めば、自分の首を絞めるだけでなく、ミスを引き起こしてまわりに迷惑をかけることも往々にしてあるのです。

一方、**仕事を抱え込まない人は、自分の状況を発信することができる人**です。

わからないことは質問したり、相談したりして、助けを求めることができます。自分の苦手分野に関することは、それを得意とする人に聞いて、自分の仕事に活かしています（項目10を参照）。

というのも、彼らは、自分一人でできることには限界があると知っているからです。そのため、自分がどう思われるかを気にせず、どんどん質問や相談ができるのです。

仕事が定時に終わりそうにない場合は、早めに上司に相談しています。仕事の効率を上げるための知恵を上司が貸してくれることもあれば、手の空いている人に仕事を振り分けてくれることもあるかもしれません。

また、普段から自分の仕事の状況を報告しているので、上司から仕事を頼まれる際も、自分のキャパを考えながら交渉が可能です。だから、安請け合いをしないですむのです。

仕事を抱え込まない人は、上司を含むまわりの人たちに自分の状況を開示し、みずからも積極的に質問や相談をすることで、周りからのサポートを得やすくしています。これが仕事でのミスを防ぎ、質の高い仕事の実現へとつながっているのです。

つまり、「ミスをしない人」は、**気軽に聞ける関係を普段から築いている人**とも言えます。ためらわずに質問や相談ができ、それに対して相手も嫌な顔をせずに応じてくれる関係を、上司との縦ライン、そして同僚や他部門の人との横ラインの両方とうまく編んで、構築しています。

気軽に聞ける関係をつくるためには、日々のコミュニケーションが大切であることは言うまでもありません。

接触頻度と好感度の関係を説いた「ザイアンスの熟知性の法則」によると、

・人は、接触頻度が高いほど、その人に好意を持つ
・人は、その人の人間性を知ったときに、よりその人のことが好きになる

という傾向があるそうです。

これは誰もが普段の生活で実感していることでしょう。

好意を持った相手には話しかけやすいものです。日常的なあいさつや雑談、声かけなどを意識し、接触頻度を高めていくことで、気軽に聞ける関係を築くことができるでしょう。

仕事を抱え込むのは、ミスを引き起こすもと。目指すゴールを手に入れるためには、自分の状況をまわりに発信し、サポートを得ることが大切です。普段からコミュニケーションを意識して、気軽に聞ける関係をつくっていくことを心がけてください。

32 ミスをしない人は、自分の状況を発信しながら、まわりの助けを借りている!

33
ミスをしない人は鳥の目で業務を把握し、ミスをする人は自分の仕事だけを見ている。

新入社員には、入社時研修で組織図について説明し、さらには業務フロー図を用意している会社も増えています。

新人のうちは、目の前の仕事を覚えるのに精一杯で、他部門や組織全体のことまで関心が向きにくいかもしれません。だからと言って、組織図や業務フロー図の説明を適当に聞き流したり、理解できなくてもいいやと放置したりしていませんか？

ミスのない仕事や質の高い仕事を成し遂げられるのは、鳥の目を持つ人です。

鳥の目とは、組織の全体像や部門同士の関係性を俯瞰的に理解する目です。会社はどのような部門で成り立っていて、それぞれどのような仕事や役割があり、どう関連しているのか。なかでも自分の仕事や部門とのつながりを把握することで、全体最適を考えた仕事をすることができます。

これらを理解するのに、組織図や業務フロー図を活用しない手はありません。もし、会社で用意された業務フロー図がなければ、自分で作成して、自分の仕事とまわりの仕事との関連性を「見える化」することをおすすめします。

メーカーを例に考えてみましょう。一般的な業務フローとして、「原料調達」→「開発」→「製造」→「品質管理」→「出荷」→「販売」→「アフターサービス」という流れで仕事が進んでいくと仮定します。

メーカーでは、ある工程でのミスや遅れが、後工程にしわ寄せされる傾向にあります。たとえば、開発段階で遅れが生じれば、納期に間に合わせるために製造や品質管理の工程を急がせることになり、ミスや品質低下を招く恐れがあります。

関係性を理解している人、すなわち「ミスをしない人」は、自分が担当する工程で遅れが生じる場合には、後工程の状況を踏まえ、後工程の負担を増やさないための対策を早めに検討し、実行するでしょう。

一方、「ミスをする人」は、自分の仕事にしか関心がなく、自分たちの部門が他部門とどのように関連し、仕事がどのように流れているのかを理解していません。自分の都合だけで行動した結果、他部門に迷惑をかけたり、全体の仕事の質を低下させたりしかねません。

次工程へと仕事を手渡すつなぎ目は、特にミスが発生しやすい箇所です。

そこで、あるメーカーでは、「思いやりのバトンを渡そう」というスローガンを掲げ、つなぎ目の改善にとり組みました。

大事にしたのは、「次工程もお客様」という考え方です。

業務フローに沿って、次工程への仕事の渡し方を精査するとともに、「こういう仕事の渡し方をしてくれると便利」という要望を次工程からもヒアリング。両方の流れから仕事の受け渡し方を見直し、改善していきました。これを部門単位（チーム単位）と会社全体の両方で半年かけて行ったのです。

次に、営業部門で実践された改善事例を一つ紹介しましょう。営業担当者が営業アシスタントに業務を依頼するとき、情報不足のまま丸投げすることが多く、依頼内容を再確認する二度手間が頻繁に発生していました。

そこで新たに作成したのが、業務を依頼する際のメールテンプレートです。これに必要事項を記入することをルール化したところ、二度手間がかなり減りました。思いやりのバトンは、仕事でのミスやムダの削減に確実に貢献していることがわかります。

思いやりのバトンを渡すには、鳥の目で仕事や組織の全体像を理解することに加え、これもやはり、**普段からのコミュニケーションが大切**です。

エレベーターで、社員食堂で、違う部門の人と一緒になったら話しかけてみてはどうでしょうか。あるいは、部門同士で人を交差させた朝礼を提案してみるのも一案です。他部門の人たちとの交流は、互いの状況を知り、理解するうえでとても有効な手段です。

全体感を持って仕事をする習慣は、若手の頃から身につけておく必要があります。まわりとの関連性を理解し、思いやりのバトンを渡すことで、より質の高い仕事ができるようになります。

33 ミスをしない人は、まわりと仕事の関係性を「見える化」している！

34

ミスをしない人は報連相が「おしとやか」、ミスをする人は思いつきで報連相する。

あるときは「報告が遅い！」と叱られ、あるときは「そんな詳細をいちいち報告しなくていい」と煙たがられる。報告のタイミングを悩んでいる人もいるのではないでしょうか。

ここで一つの事例を見てみましょう。

「これは何だろう？」

製造ラインで働く男性が、床に落ちた部品を見つけました。まわりを見渡しても、近くには誰もいません。「まぁ、あとで報告すればいいや」とポケットに入れて、別ラインでの作業に向かいました。

その後、しばらくして戻ってくると、現場は大騒ぎです。

「機械の部品がなくなっている。落ちて食品に混入してしまったのではないか」と機械を止めて全員で部品を探していたのです。

「それなら僕が持っていますよ」と男性が言うと、「なんでもっと早く報告しないんだ！」と上司に大目玉を食らいました。

これはある食品会社での出来事です。トラブルの報告の遅れが機会損失を招いた例です。

ほかにも、仕事が順調に進まずに上司への報告が遅れ、納期遅れや品質低下、顧客離れなどのミスにつながることもあります。もし、遅れが生じた時点で早めに報告していれば、早めの対策をとり、ミスを防ぐことができたかもしれません。

すなわち、**報告はタイミングが非常に重要**です。なぜなら、仕事をミスなくスムーズに進めるために、上司が適切なタイミングで部下をサポートする必要があるからです。

上司がほしい報告とは、上司が必要な情報を、ほしいタイミングで、しかも上司にストレスを与えない伝え方で行う報告です。どのタイミングで何を報告するかは、上司から仕事を指示されたときに一緒に確認しておくとよいでしょう。

また、上司のタイプによっても、必要な情報の種類は異なります。部下への支援が自分の仕事だと考えている上司は、「困ったことがあればすぐに報告・相談してほしい」と思うでしょう。営業部門を統括する上司なら、「現場で何が起きているかを知りたい」と思うはずです。そのため、より適切な報告を行うには、上司のタイプを見極めておく必要もあります。

情報発信やコミュニケーションは「相手起点が大事」だと述べてきましたが、上司への報告こそ「相手起点」のアプローチの極みと言えるかもしれません。

報告は「おしとやか」。これは最低限、押さえておきたい報告の5つのタイミングです。

「お」は、終わらないとき。トラブルや火急の要件などの影響で、予定時間までに終わりそうにないときは、早めに報告・相談します。

「し」は、終了したとき。終了報告のない仕事は未完了とみなされます。

「と」は、トラブルがあったとき。トラブル時こそ、早めの報告・相談が必要です。

「や」は、やりにくいとき。自分一人で悩まずに、早めに報告・相談するようにします。

「か」は、変えざるを得ないとき。たとえば顧客との交渉の場面で、上司の指示した条件を変えざるを得ないときは、早めの報告・相談が必要です。

これらのタイミングは、上司がほしい情報・タイミングに合致します。「ミスをしない人」は、「お・し・と・や・か」での報告を実践しています。

一方で「ミスをする人」は、自分が伝えたいことを、伝えたいタイミングで、それも頭に思い浮かんだまま伝えようとします。そのため、上司にストレスを与えます。

よくあるのは、終了報告がないケース。「無事に終了したからいいだろう」と勝手に考えて、終了報告を省略したのかもしれませんが、上司はそのあとのアクションを考えている場合があります。終了報告がないと、次のアクションがとれずに上司は戸惑います。

終了報告は、部下の仕事終了を伝える目的のほかに、上司が次のアクションに移るトリガーの役割も果たします。報告に込められた上司側の目的も知っておくことは大事です。

報連相はタイミングよく行うからこそ、適切な上司のサポートを得て、ミス防止や仕事の質の向上に効果を発揮します。上司のほしい情報を、ほしいタイミングで報告することをまずは意識してみましょう。

34 ミスをしない人は、報連相のタイミングを知っている！

第6章

ビジネスツール 編

35

ミスをしない人は毎日カバンを整理し、ミスをする人はカバンのなかがいつもぎっしり。

「カバンのなかを見れば、忘れものをする人かどうかわかります」

こんなことをおっしゃる方がいました。

研修講師にもいろんなタイプの人がいて、忘れものをしない人は、なかに仕切りのあるカバンを持ち、「ペンはここ」「パソコンのコードはここ」と置き場所を決めているそうです。カバンのなかが定置管理されていると、必要なものをすぐにとり出すことができます。

また、足りないものがあればすぐに気づくので、忘れものをしません。

一方、忘れものをする人は、カバンのなかにものが乱雑に詰め込まれているそうです。そのような状態では、どこに何が入っているのかわからず、いざというときに必要なものがとり出せません。

また、忘れものにも気づきにくくなります。必要なときに使えないというのも、仕事のミスです。

営業マンでも時々、カバンのなかに書類や商品サンプルなどを乱雑に詰め込んでいる人を見かけることがあります。大事な書類が埋もれてしまい、客先でゴソゴソと探す羽目になったり、とり出した書類が折れ曲がっていたりするのはよくあるパターン。

そうなれば、相手への印象は悪くなるでしょうし、探しても見つからなければ、顧客の信頼を失ってしまうでしょう。

カバンのなかは、意外なほど人に見られているものです。「この書類もあのなかにグチャッと入れられてしまうのだろうな」と相手に不信感を持たれたら、うまくいくビジネスもうまくいかなくなるかもしれません。

「ミスをしない人」のカバンが整理されているのは、**毎日カバンの中身を全部とり出す習慣があるから**です。

たとえば営業先から会社に戻ったら、携帯電話、定期、財布、名刺入れ、ペン、手帳、ノート、タブレット端末類、ハンカチ、ティッシュなど、なかに入っているものをすべて出します。カバンをいったん空にしてから、改めて翌日に必要なものを入れ直しています。

いったんすべてとり出すのは、必要なものとそうでないものを仕分けるためです。カバンのなかからは、うっかり忘れていた重要なメモや、お客様から預かった大事な書類、捨て忘れたガムの包装紙などが出てきたりします。

そこで、不要なものは捨て、重要なメモは「やるべきこと」に落とし込んでスケジュール帳やＴｏＤｏリストに転記。お客様からの大事な書類は、処理担当者や会社のしかるべき部署に届けます。

備品は状態を確認し、問題がなければカバンに戻していきます。ペンのインクが切れていないか確認し、切れていたらとり換え、携帯電話を充電して、名刺を補充します。

大事なのは、書類整理と同じで「流す」ことです。カバンのなかに放置せずに次のアクションにつなげることで、ヌケモレややり忘れを防ぐことができます。

一方、「ミスをする人」は、カバンのなかを空にせず、そのまま使い続けます。するとどうなるでしょうか。重要な書類やメモがうっかりそのままになることで仕事が滞り、ヌケモレややり忘れなどのミスが発生します。

特に営業担当者は、処理すべき書類がカバンのなかにどんどん溜まっていきます。未処理の書類の上に未処理の書類が積み重なって、気づけばうっかり提出期限のすぎた書類がカバンの奥から出てくる——。そんなことも往々にしてあるのではないでしょうか。ペンなどの備品も、カバンに入れっぱなしで手入れを怠れば、いざというときに使えない状態になっているかもしれません。

「ミスをする人」は、カバンのなかも溜め込んでいます。**仕事でも持ちものでも、溜め込む習慣はミスにつながる**ため、要注意です。

心配性で、「忘れものがないように、とりあえず全部入れておきたい」という人もいるかもしれません。しかし、その日に必要ではないものまでカバンに入っていると、大事なものが他のものに埋もれてしまい、ミスを誘発しかねません。

忘れものが心配な人こそ、前の日にカバンの中身をすべてとり出し、必要なものを入れ直すことを習慣にしてみてはどうでしょうか。必要なものだけに意識を向けるほうが、忘れものは減るはずです。

デスクまわりと同じで、**カバンの中の整理整頓も定置管理と流す仕組みが基本**です。

35 ミスをしない人は、カバンを毎日空っぽにしている！

36

ミスをしない人は財布のなかがスッキリ、ミスをする人は財布にレシートがぎっしり。

カバンと同じように、財布にもその人の仕事ぶりが表れます。

財布のなかに不要なものを溜め込まず、スッキリしている人は、仕事でもミスのない人です。財布には必要最小限のカードと、その日に買い物したレシート、そしてお札と硬貨だけ。こういう人は、カバンと同じで財布のなかも溜め込まず、流す仕組みを持っています。

何事も流す仕組みがある、つまり「溜め込まない」ことは、仕事を滞らすことなく、ミスなく進めるための基本的な習慣です。

一方で、パンパンに膨らんだ財布は、いろいろなものを溜め込んでいる証拠。

実際に、クレジットカードやポイントカードが何枚も入っていたり、お札と領収書がぐちゃぐちゃになって入っていたりします。他にも、写真やお守りなどいろいろなものが出てくることも……。

恐らく本人も財布のなかに何が入っているのか把握していないのでしょう。膨らんだ財布を持つ人は、仕事でもミスが多いと推測できます。

財布のなかがレシートであふれていると、精算すべき領収書が紛れて、処理のタイミングを逃してしまいます。いらないレシートと一緒に捨ててしまい、再発行が必要になることもあるでしょう。

万が一、財布を紛失したときも、財布の中身を把握していなければ、適切な対応ができません。ものであふれかえる財布には、こうしたミスやムダがつきものです。

財布とは本来、お金を入れておくためのものです。お金が休むための場所と言い換えることもできます。

それなのに、財布が不必要なものであふれていたり、財布にいくら入っているかもわからなかったりする状態では、お金を大事にしているとは言えません。

自分のお金をぞんざいに扱う人は、会社のお金に対する意識も低いと言えるのではないでしょうか。何かを発注する際にも、品質とコストのバランスを吟味せずに割高な発注をして、会社の利益に悪影響を及ぼすかもしれません。

財布のなかの乱れは、こうしたかたちでのミスにつながる恐れもあります。

まず、財布のなかをスッキリした状態に保つには、毎日、中身をとり出す習慣を持つとよいでしょう。財布からとり出すのは、お札やレシートなどの紙のものです。

レシートは、処理の必要なものといらないものに分類し、いらないレシートは捨てます。処理の必要なレシートはクリアファイルに保管し、処理すべきタイミングで処理します。

そして、お札は面をそろえて、財布に戻します。

よく、「お札の面をそろえるといい」と言われますが、これも整理整頓の習慣に通じます。お札の面をそろえるのは、定方向管理です。定置・定量管理と同様、仕事でミスのない環境を整えるうえで効果的な整理法です。お札の面をそろえる習慣が、自然と整理整頓への意識を高めてくれるのかもしれません。

カード類は財布から毎日とり出す必要はありませんが、ポイントカードは定期的にとり出し、期限切れのカードや使わないカードを捨てるルールを決めておくといいでしょう。

1日の終わりにひと息ついて、財布やカバンのなかを整える時間を持つ——。このこと自体、**自分を整え、明日に備えるためにも必要な時間**だと私は確信しています。

立ち止まることなく、毎日をただ流していくだけでは、いつか息切れします。集中力が途切れ、ヌケモレや仕事の質が下がる可能性も高まるでしょう。

そこで、いったん動きを止めて、振り返り、自分の状況を確認する。そうすることで、自分自身を整えることができます。メリハリをつけて仕事に向かうことで、ミスをなくし、仕事の質を高めていくことができます。

財布やカバンの中身をとり出し、仕分けし、必要なものを戻す。この一連の動きは、ややもすると流れていきがちな毎日にメリハリを生む効果もあると言えます。

財布のなかがレシートで一杯、カバンのなかが書類や商品サンプルでぎっしりという人は、１日の終わりにすべてをとり出し、整理する時間を持ってみてはいかがでしょうか。いったん立ち止まって、自分を整えることで、明日への備えになります。それがミスのない仕事につながっていくはずです。

36 ミスをしない人は、財布の中身も毎日とり出している！

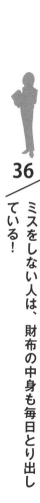

37 ミスをしない人は名刺をその日のうちに整理し、ミスをする人は名刺入れに入れっぱなし。

政治家のように、1日に何十枚も名刺交換する人は少ないと思いますが、あまりにも膨らんだ名刺入れは、交換した名刺がそこに溜まっている証拠です。

それを見た人はこう思うかもしれません。

「私の名刺も、この名刺入れに入れられたまま、しばらく放置されるんだろうな」

名刺は、いわばその人の顔。名刺をどう扱うかは、相手をどう扱うかということです。

もらった名刺をいつまでも名刺入れに放置している人は、相手のことも適当に扱う人だと思われても仕方ないでしょう。


これは名刺だけの問題に留まりません。**人は一部で全体を評価しますから、名刺を放置する人は、「仕事もすぐにやらずに、溜め込む人なんだろうな」という印象を与えてしまうでしょう。**

また、名刺交換した人とビジネスの縁をつなげるかどうかも、名刺をどうとり扱うかにかかっています。

もちろん、全員と関係を築く必要はありませんが、「この人」と思う人とは深くつながっていきたいもの。もらった名刺を名刺入れに放置しておくと、名刺交換しただけの関係で終わってしまいます。

縁をつなぐことができる人は、もらった名刺を有効活用しています。

7名限定のセミナーを開いた、特定分野の第一人者である先生曰く、「参加者7人のうち一人の人から、勉強会のあとすみやかにお礼メールを受けとった」とのこと。内容もとても心に響くものだったそうです。

そして数年が経った今、心に響くお礼メールを送った人は、講師と良好な関係を築いています。仕事で困ったときに相談したり、知恵を借りたりしているのです。このように気軽に聞ける〝ブレーン〟のような相手がいるかどうかで、仕事の質にも差が生まれます。

きっかけは、勉強会で交換した1枚の名刺。その名刺を有効活用した人だけが、講師との関係を深めることができたのです。


では、名刺はどのように活用すればいいのでしょうか。

もらったその日のうちにとり出し、整理するのが活用の第一歩です。

名刺を自動的に読み込んでデータ管理できるアプリがありますから、そういったツールを活用している人も多いでしょう。

ただし、名刺情報をデータ化するだけでは、データの蓄積にしかならず、相手との縁は深まりません。次のアクションにつなげるには、分類が必要です。


縁を絆にする方に共通しているのは、**「名刺交換した相手とのその後のかかわり方を想像しながら、分類している」**ということです。


一つ目は、「今後、仕事でかかわりが生まれそうな人」。名刺はデータ化して保存します。年賀状やニュースレターをお送りし、関係を維持・発展させていくようにします。

二つ目は、「近々、ビジネスでのおつき合いが発生する人」。仕事でご一緒する方々の名刺は、その仕事用のファイルに入れておきます。相手に会う動線上に名刺を入れておくことで、次にお会いするときにも、きちんと名前で呼びかけることができます。

三つ目は、「その他の名刺」。50音順の収納ボックスを使い、1年間保存します。一つ目のグループの名刺と合わせて会社名で管理します。

名刺入れに溜まっているうちは、名刺はただの紙も同然です。その後のビジネスチャンスにつなげていくためには、重要な情報を取捨選択し、次のアクションにつなげていかなければなりません。つまり、名刺にも流す仕組みが必要なのです。

名刺交換した相手と縁をつなげていけるかは、自分次第です。もらった名刺は名刺入れから出して、次のアクションにつなげてこそ、名刺の情報が仕事に活かされます。ミスのない仕事や質の高い仕事をする人は、名刺の情報を有効活用しています。

37 ミスをしない人は、名刺の情報を次のアクションにつなげている！

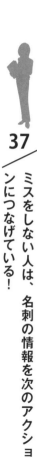

38

ミスをしない人は道具の準備やメンテナンスを怠らず、ミスをする人は道具の数量すら気にしない。

ビジネスツールの状態一つで、ミスを招くことがあります。

たとえば、顧客から電話で注文を受けたとします。内容をメモしようと手にとったボールペンは、インクが切れていて、使えませんでした。仕方がないので頭で覚えておこうとしましたが、間違えて記憶したため発注ミスが起きてしまった――。たかがボールペンのインク切れと思うかもしれませんが、これは実際に起こり得るミスでしょう。

他にも切れの悪いハサミ、インクの出ないボールペン、芯の入っていないホチキス――使いづらい道具や、すぐに使える状態にない道具は、ミスを引き起こす要因になります。

「ミスをしない人」は、道具をつねにきれいにし、すぐに使える状態にしています。

京セラを創業した稲盛和夫氏は、京セラを設立する前の会社に入社したとき、先輩技術者から試験管やビーカーなどの道具を徹底的にきれいにするよう、指導されたそうです。

試験管やビーカーにほんの少しでも不純物が混じっていると、それだけで実験が台なしになってしまうからです。

このように、道具の細部にまで気を配るという点で、日本のものづくりの現場から学べることはたくさんあります。整理整頓の基本である定置・定量・定方向管理が徹底されていて、工具や治具のメンテナンスもしっかり行われています。仕事の精度や質、スピードを落とさないよう、道具はつねに点検し、いい状態で使えるよう整えられています。

自分はものづくりの現場にいるわけではないから、道具にそこまで気をつかう必要はないと考える人もいるかもしれません。

しかし、「神は細部に宿る」という言葉にあるように、どんな仕事でも、**細部へのこだわりは、仕事の品質に大きな影響を与えます。**

ビジネスパーソンがメンテナンスすべき道具としては、前出のボールペンやハサミなどの文房具はもちろん、パソコンやスマートフォンがあれば仕事ができるので、これらのデジタル機器のメンテナンスも意識したいところです。

デジタル機器のメンテナンスで言えば、データの整理とソフトやアプリのアップデートがポイントになります。

たとえば、メールの受信箱に受信メールが大量に溜まっていると、重要なメールや緊急のメールを見つけにくくなります。受信箱を定期的にチェックし、処理済みメールは別フォルダに分類、未処理メールは未処理フォルダに分類するなど、受信箱を軽やかな状態にしておきましょう。

自動振り分け機能を使うのも一考ですが、分類しすぎて忘れてしまうこともありますので、「1日の終わりに受信箱を整理する」とか、「受信箱には受信メール25通まで」などとルール化しておくのも手です。

ソフトのアップデートも定期的に行うといいでしょう。古いバージョンのまま使っていると、動きが遅かったり、古い機能のまま不便を強いられたりして、効率が悪いこともあります。こまめにアップデートして、軽やかに使える状態にしておきます。

道具は、放っておくとどんどん状態が悪くなっていきます。整理整頓しなければ、デスクまわりが乱れてくるのと同じです。

道具を整った状態に維持するには、「いつ」「どのような方法で」メンテナンスするのか決めておくことが大切。「ミスをしない人」は、メンテナンスのルールを決めて、実行しています。

一方で、「ミスをする人」は、メンテナンスのルールを決めていません。

たとえばペン立て一つとっても、「こんなに必要なの？」と思うくらい、ボールペンが何本も無造作に立てられていることがあります。「ペン立てにはボールペン何本」とルールを決めて、本数を絞っていれば、状態のいいボールペンだけが残っているはずです。

道具のメンテナンスは、「段取り八分」の考え方に通じます。仕事にとりかかる前には、道具の状態を整える時間を割くことも必要です。仕事前の準備の重要性は、道具にも言えることなのです。

38

ミスをしない人は、道具のメンテナンスルールを決めている！

39 ミスをしない人は細部の身だしなみに気をつかい、ミスをする人は目立つところに気をつかう。

「その人がどんな人かは、靴を見ればわかる」

こうおっしゃったのは、老舗ホテルで働くホテルマンの方でした。職業柄、いろんなタイプのお客様に接してこられたのだと思います。その方の言葉には経験からくる説得力がありました。

高級な靴かそうでないかは、この場合、問題ではありません。靴がきちんと手入れされているかどうかで、その人のあり方がわかるということです。

身だしなみのなかでも、たとえばネクタイの結び目や襟元、髪型やメイクなどは、目が行きやすいところです。誰もが気を配って、きちんと整えているでしょう。

それに比べて、意外とおろそかになるのが、靴です。相手から見ても一番下に位置し、視界の端にあることから、少しの汚れや履き崩しがあっても、「そこまで目が行かないだろうから、まあ、いいや」と手入れの手を抜きがちです。

身だしなみの隅々まで手をかけているかどうかは、靴を見れば一目瞭然です。


それに靴は、意外と人から見られているものです。

私にも、恥ずかしい経験があります。新入社員研修の講師として、参加者の方々の前で話をしていたときのことです。

「靴はその人のあり方を象徴するものなので、きちんと手入れしておきましょう」

こんなことを言いながらふと自分の靴を見ると、ハイヒールの先端が少しめくれていたのです！

それに気づいた参加者の方がいて、研修後のアンケートでしっかりと指摘されました。


靴は、見られていないようで、しっかりと見られています。手入れのされていない靴を履いていると、「この人は細部にまで配慮が行き届かない人だ」「仕事もきちんとしない人かもしれない」と黙って烙印を押されてしまうことになるのです。

たとえば、ブランドもののスーツでビシッと決めている営業マンの話を聞いて、「買ってみようか」と思ったとします。ふとその営業マンの靴を見て、手入れがされていないと気づいたら、どう思いますか？

「実は細部にまで気が回らなそう」とか、「売ったら売りっぱなしで、メンテナンスとかアフターフォローがいい加減なのでは」と思うのではないでしょうか。

今までの好印象を台なしにしかねないのです。ミスをする人は往々にして、このことに気づきません。

前項でも「細部へのこだわりは仕事の質に影響する」と述べましたが、靴にまで気を配れる人は、私がこれまで仕事でご一緒した方々を思い浮かべても、きちんとした仕事をされています。

そう考えると、やはり靴というのは、その人のあり方を象徴しているような気がしてなりません。

もちろん、スーツやネクタイなど、すぐ目に入る部分の身だしなみも大切です。

ここで、ビジネスパーソンとして意識したいのは、ＴＰＯに合わせた身だしなみかどうかという点です。

ミスをしない人は身だしなみについて、自分がどう表現したいかよりも、相手から見てどうかが重要だと考えます。相手が不快に感じない着こなしであることを基本に、場所やシーンに合わせた着こなしが求められます。

つまり、身だしなみも相手起点のアプローチが必要なのです。

どれだけ細部まで気を配ることができるかで、その人の仕事のスタンスが問われます。

その点では、道具のメンテナンスと同じです。

靴の手入れをしっかりできる人は、仕事でも細かなところに気を配ることができる人です。スーツやネクタイ、髪型などよく目にする部分だけでなく、靴にも気を配ることを心がけましょう。

39 ミスをしない人は、靴をきちんと手入れしている！

40 ミスをしない人はＳＮＳの発信ルールを心得ていて、ミスをする人はＳＮＳでなんでも発信する。

フェイスブックやツイッター、インスタグラムなどのＳＮＳを使えば、誰もが手軽に情報発信できる時代になりました。身の回りの出来事を日常的につぶやいている人もいれば、話題のお店やスポットなどの情報は、もっぱらＳＮＳで探すという人もいるでしょう。

一方で、手軽さゆえの問題も起きています。不用意で軽はずみな投稿によって投稿者本人が非難にさらされたり、話題にされた個人や企業が〝炎上〟に巻き込まれ、信頼や評判を傷つけられたりすることもあります。

プライベートでレストランを訪れた有名人の来店情報を店員がつぶやいたり、お客様を非難するような投稿をしたりして、炎上したケースが記憶に新しいことでしょう。

ＳＮＳの怖さは、ポジティブな情報もネガティブな情報も、気軽に配信した情報も、人々の興味を引けば瞬時にして不特定多数の人に流布することです。

軽はずみな投稿で問題を起こす人は、その投稿が世のなかにどのような影響を及ぼすのか、先の展開を想像できない人だと言えるでしょう。先の展開を想像できるようにならないと、「ミスをする人」から変われません。

逆に、ミスをしない人は一つの投稿によって、取引中止などの事態に陥ることもあると心得ています。

もちろん、ＳＮＳで発信すること自体は悪いことではありません。有効に活用しようと考えます。

そのため、仕事やプライベートでＳＮＳを活用する際には、発信のルールを心得ておくことが大切です。基本的なルールとして、個人の名誉棄損、個人情報や機密情報の漏洩、相手の情報の無断流出などは、やってはいけないことです。

少し例をあげたいと思います。

ビジネスのシーンではこんなことがありました。ある企業の社員が、５００人ほどの学生の前で講演したとき、演台の向こう側から聴衆の写真をこっそり撮影し、ＳＮＳに投稿しました。大勢の前で話す自分を自慢したかったのかもしれません。

大学の担当者が偶然その投稿を目にし、「うちの学生の顔が写った写真が無断で投稿されている」と大きな問題になりました。謝罪文だけではすまされず、取引中止、出入り禁止にまで発展してしまったのです。

また、顧客や取引先に関することなど、ビジネス上知り得た情報の発信にも注意が必要です。

これも実際にあった話ですが、「本日のセミナーは○名の方にご参加いただきました。ありがとうございました」とフェイスブックに書き込んだところ、主催者側から「うちの集客状況が他社にわかってしまうので、参加人数は書かないでほしい」と注意があったとのこと。

顧客のビジネスになんらかの影響を与える可能性のある投稿には、注意が必要です。自分なりのルールを定めて、慎重な投稿を心がけてください。

ビジネスには関係のない投稿でも、**発信する情報の質には気をつけたい**ものです。ネガティブな内容の投稿は、仕事で関係する相手の心証を悪くするかもしれません。

また、このようなケースも考えられます。仕事上のつき合いのある会社とは競合にあたる会社のサービスをたまたま利用して、ＳＮＳで褒めたところ、「なぜうちのじゃなくて、ライバル会社のサービスをＰＲしてるんだ」と不快に思われるかもしれません。

仕事関係の人ともＳＮＳでつながっている場合は、ポジティブな内容の投稿に絞る、関わりのある業界の商品やサービスには触れないなど、これも自分なりのルールを決めておくとよいでしょう。

ＳＮＳには、便利だからこそのリスクが潜んでいます。自分の投稿がまわりにどのような影響を与えるのかを想像しながら、適切な投稿を心がけたいものです。

40／ミスをしない人は、展開を想像しながらＳＮＳ発信している！

41 ミスをしない人はリストで行動を「見える化」し、ミスをする人は思いつくまま動く。

いつも決まったルーティン作業を行う場合でも、記憶を頼りに「これとこれ」「次はこれ」と考えて行動していると、ヌケモレが生じることがあります。特にやり慣れた作業であればあるほど頭では別のことを考えていて、手順を間違えたり、必要なものを準備し忘れたりと、ミスしてしまうことがあります。

「ミスをしない人」は、頭のなかだけで考えて行動することの危うさを知っているので、**行動を「見える化」したチェックリストを活用して、ヌケモレを防いでいます。**

チェックリストは、一つの業務を遂行するために必要な準備物や、守るべき手順、確認事項などを一覧表にしたものです。チェックリストを確認しながら進めていくことで、ヌケモレのない仕事をすることができます。

チェックリストは、つくり方次第で使い勝手に差が出ます。使い勝手のよいチェックリストを作成するには、分類がキモです。

ダイレクトメールの発送に必要な作業をチェックリストにする場合を考えてみます。

送付先の確認→送付資料の準備→送り状の作成→宛名シールの作成やあて名書き→資料の封入→切手貼り→投函

大体このような作業手順になります。

一連の手順を書き出し、それぞれの作業についての確認事項を補足しておけば、新入社員でもヌケモレなく作業できるチェックリストが完成します。この場合、分類というほどではありませんが、作業手順に沿った時系列で行動を見える化するのがポイントです。

会議開催のための作業チェックリストの場合はどうでしょうか。会議の準備には、「前日までの事前準備」「当日の準備」「会議後のアフターフォロー」があります。

したがって、この場合、「ビフォー（事前）」「オン（当日）」「アフター（終了後）」の時系列に沿った三つの分類がポイントです。営業担当者が顧客訪問する際の行動を「見える化」する場合にも、「訪問前」「訪問当日」「訪問後」の3段階での分類が効果的です。

もう一つ、来客対応のための作業チェックリストを考えてみます。会社にお客様をお迎えする際の準備としては、「玄関まわりで必要な準備」「応接室で必要な準備」などがあり、この場合は場所ごとに分類したチェックリストが適しています。

どのような分類方法が適しているかは、仕事の内容によって違います。使い勝手のよいチェックリストをつくるには、適した分類方法の見極めが重要です。

行動の「見える化」がもたらすメリットは、ヌケモレをなくすことのほかにもあります。**作業手順を書き出してみると、自分の仕事の中身を改めて整理できる**ため、そこは特筆すべき点です。同じ仕事を長く担当していると、やるべきことを省略したり、勝手に手順を変えてしまったり、あるべき行動基準から外れてしまうことがあります。

改めて行動基準を確認し、かつ効率化の視点からも作業手順を見直すことで、より質の高い仕事ができるでしょう。

実際に、ある職場では、仕事のタコツボ化を防ぐのにチェックリストが役立っているという声も聞きます。行動の「見える化」によって互いの仕事内容がわかるため、自分が忙しいとき、他の人がチェックリストを活用しながら仕事をサポートしてくれ、助かると言っていました。

また、初めての人が使ってもヌケモレなく作業できたり、新人にも理解できる表現を使ったチェックリストがあれば、誰がその仕事を担当しても同じクオリティのアウトプットが期待できるメリットもあります。

このように、チェックリストは自分で確認するだけでなく、**チームで共有して生産性を上げるためのツールとしても、効果を発揮します。**

限られた人数で、限られた時間で、ミスのない仕事を実現することが求められるなか、行動を「見える化」したチェックリストは、ヌケモレ防止のみならず、個人やチームの仕事の効率化や生産性向上にも大いに貢献するツールです。

41 ミスをしない人は、チェックリストを活用してヌケモレを防いでいる！

42
ミスをしない人は議論を「見える化」し、ミスをする人は議論を空中戦で行う。

会議やミーティングで行う議論の生産性は、何で決まると思いますか。

会議の目的を達成できたか、あるいは手に入れたい目標やゴールに近いアウトプットが得られたかどうかで決まると私は思います。もし達成できなければ、それも広い意味ではミスと言えるでしょう。

「ミスをしない人」は、会議の目的と目標を明確にし、ホワイトボードに書いて「見える化」していています。

たとえば、会議の目的が「クレーム撲滅のための対策協議」であれば、その目標は「解決策と、誰がいつまでに何をするのかの実施スケジュールを明らかにする」。あるいは、「職場改革のアイデアを話し合う」ことが目的なら、「具体的なアイデアを5つ出す」などと目標を設定できます。

参加者全員が会議の目的と目標を共有してこそ、活発な議論が生まれ、会議が実りあるものになります。

一方、「ミスをする人」は、目的と目標が曖昧なまま会議を始めてしまうため、議論があらぬ方向へ迷走することが頻繁に起きます。

たとえ参加者が目的と目標を認識していたとしても、「見える化」されていなければ、議論が白熱すると忘れてしまうこともしばしばです。

目的と目標の曖昧な会議は、目的地のない航海のようなもの。参加者が議論の行く先を見失わないための羅針盤の役割を果たすのが、目的と目標の「見える化」なのです。

また、「見える化」するのは、目的や目標だけではありません。「ミスをしない人」は、議論の中身も「見える化」しています。

ホワイトボードを活用する以外にも、テーブルの上に模造紙を置いて、それをとり囲むように座る参加者が四方八方から自由に自分の気づきを絵や文字で書いていく、「ワールド・カフェ」のようなスタイルも増えています。

議論での発言は、打ち上げ花火と一緒です。「いいな」と思った意見やアイデアが出されても、メモしなければ空中に消えていってしまう存在なのです。

もし、ここで記憶に頼ろうとしても、次から次へと意見が出てくれば、前の発言は忘れ去られてしまうでしょう。そうならないために、キーワードだけでも「見える化」して残しておきます。

意見やアイデアが「見える化」されると、それに触発されて、関連するアイデアが連鎖的に出てきたり、あるいはまったく新しいアイデアがひらめいたりします。議論が発散する場面では、「見える化」は触媒の役割を果たすのです。

さらに、議論をまとめる場面でも、アイデアが「見える化」されていれば、質の高い結論を導き出しやすくなります。ホワイトボードや模造紙に書き出されたキーワードを見ながら、互いに関連づけたり、関係性を整理したり、統合したりして、本質的で説得力のあるアウトプットへと昇華させていくことができます。

反対に、議論の中身を「見える化」しないと、思考が刺激されないために幅広い意見が出されず、そのために議論が深まらずに、「これだ！」という結論に至りません。議論の発散も収束も中途半端で、質の低いアウトプットで終わってしまうでしょう。

結論が出たら、その結論も「見える化」して次のアクションにつなげます。結論として「いつまでに誰が何をどうするのか」が決まったのなら、口頭で伝えるだけでなく、ホワイトボードにも書いて、皆で共有します。

これが、「ミスをしない人」の会議のクロージングです。

反対に、最後の結論を「見える化」しないと、「あれ？ 誰がやることになったんだっけ？」と曖昧なまま、会議が終了するかもしれません。そうなれば、次のアクションにつながる可能性は低くなります。

議論するけれども、決めない。決めるけれども、行わない――。これは日本の会議の悪しき習慣です。会議の目的と目標をメンバーで共有し、活発な議論によって質の高いアウトプットを達成するために、議論の「見える化」をぜひ実践してみてください。

42 ミスをしない人は、会議の目的と目標、議論の中身を「見える化」している！

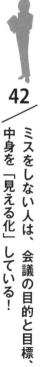

第7章

気づく力 編

43 ミスをしない人は〝おおごと〟を察知し、ミスをしない人はヒヤリハットに気づかない。

重大なミスや事故には至らなかったけれども、突発的な出来事に「ヒヤリとした」「ハッとした」経験のことを「ヒヤリハット」と呼びます。たとえば、次のような場合です。

「お宅の営業担当者と携帯がつながらない。すぐ折り返し電話してほしい」

お客様から連絡があり、担当者の予定を見ると、あと15分で帰社予定です。おそらく電波の届かない場所にいるのだろうと思い、担当者の机の上に伝言メモを残しました。

ところが、その伝言は担当者には伝わりませんでした。メモが他の書類に紛れてしまったのです。ただこの時は、お客様から再び連絡があったので、「申し訳ありません。伝言がうまく伝わっていませんでした」と謝って、大事に至らずにすみました。

ヒヤリハットへの対応を見れば、「ミスをしない人」か「ミスをする人」かがわかります。

たとえば、先の例のような場合に、「お客様がやさしい人で、おおごとにならずにラッキーだった」と、その場限りの出来事としてすませてしまうのは、「ミスをする人」の典型的な対応と言えるでしょう。

ところで、あなたはヒヤリハットが重大事故につながる可能性を示唆した「ハインリッヒの法則」を知っていますか?

それによると、1件の重大なミス（案件失注、取引中止、会社の信用失墜など）の背景には、29件の軽微なミス（お客様からのクレームなど）が起きており、さらにミスではないけれども、一歩間違えば大事に至ったかもしれないヒヤリハットが300件も隠れているといいます。

つまり、重大なミスは、それだけが単体で偶発的に起こるのではなく、ヒヤリハットが積み重なって引き起こされるということです。先ほどの例では、お客様から再び連絡があって事なきを得ましたが、もしかすると別の結末を迎えていたかもしれません。

「お宅への発注を検討していたけれど、コールバックがない。もう他の会社に頼んだよ」と大型案件の失注につながる可能性もあるのです。これは担当者にとって重大なミスです。

「ミスをしない人」は、ヒヤリハットを見過ごしません。ヒヤリハットがいつか大きなミスにつながる危険性を察知して、それを未然に防ぐための対策を考えるでしょう。

ヒヤリハットから未来の重大ミスを察知できるのは、「展開を想像する力」のある人です。「展開を想像する力」については、項目30でも「気がきく仕事をするには展開を想像することが大事」と述べたように、ビジネスパーソンが質の高い仕事を成し遂げるためにぜひとも身につけておきたいスキルの一つです。

先ほどのようなヒヤリハットに直面した場合、「ミスをしない人」ならこう考えるでしょう。

「今回は大事には至らなかったけれども、もし私がお客様の立場だったら、今回のようなことがあったらどう思うだろうか。伝言がきちんと伝わらない、コールバックもないようないい加減な会社とは、取引を考え直すかもしれないな」

そのように考えて、再発防止のための仕組みや工夫を改善するはずです。

先の展開を想像するうえで、「自分事として考えてみる」ことはとても有効です。「コールバックがなかったら、自分だったら腹立たしいだろうな」と相手の気持ちに寄り添って考えてみれば、おのずと次の展開が見えてくるでしょう。

「展開を想像する力」は、多くの仕事がＡＩに置き替わっていくと予想されるこれからの時代、ますます必要になってくると私は思います。

ＡＩも万能ではないようで、「展開を想像する力」は、まさにＡＩが苦手なことだそうです。先の展開を想像しながら、どう相手に働きかけるとよいかを考えながら行動する力は、人間だからこそできることです。

43 ミスをしない人は、ヒヤリハットを見過ごさない！

ヒヤリハットを見過ごしたために、大きなミスや事故を招いてしまうことがあります。どんなに小さなヒヤリハットでも、その場限りで軽く流してしまってはいけません。先の展開を想像しながら、ミスを未然に防ぐとり組みにつなげることが大切です。

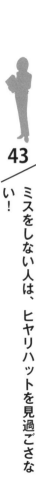

44 ミスをしない人は怒りのボルテージに気づき、ミスをする人は怒りの温度に気づかない。

ビジネスシーンでは、怒りに任せて声を荒げる場面はそれほど多くはないでしょう。しかし、淡々と冷静に話す相手の言葉を表面的にとらえてしまうと、相手の怒りに気づかず、対応を誤ってしまうことがあります。

こんなケースが考えられます。

営業担当者が、納品先の企業からいただいたメールに、次のような一文が含まれていました。

「いつも速やかにお届けいただきありがとうございます、助かります。ただ、先日の納品分にはお願いしていたサンプルが入っていませんでした。最近こういうことがよくありますが、まあサンプルなので問題はありません」

あなたなら、このコメントをどう受け止めますか。

「ミスをしない人」は、この**コメントの裏に隠された感情を察知します。**文末の「問題ありません」に惑わされると、「問題ないなら、よかった」とサラリと読み流してしまいますが、よく読んでみると、相手の真の心の声が表れている箇所があることに気づきます。「最近こういうことがよくありますが」の一文です。ここには、「何度も同じミスを繰り返して迷惑している」という相手のメッセージが隠されているのではないでしょうか。また、「まあサンプルなので問題はありません」のコメントからは、「サンプルだけども、必要だからお願いしているのであって、忘れられると迷惑だ」という心の声が聞こえてきそうです。

「ミスをしない人」は、こうした相手の真の心の声に気づくことができます。「これはお客様からのやんわりとした不満の声だ」と敏感に察知し、お客様への謝罪と対応策の検討・実施という適切な行動につなげていくことができるのです。

一方、「ミスをする人」は、相手の冷静な言葉の表面だけをとらえて、その人が本当に伝えたいメッセージをくみとることができません。それどころか、自分に都合よく解釈して事実をすり替えてしまいます。

「ちょっとした不備はあったけれど、お客様は感じよく対応してくださっているし、こちらに対してもあまり怒ってはいないようだ」

この、「感じよく対応してくださっているから大丈夫」のように、相手との関係性のなかで物事を判断するのはとても危険です。「相手の感じよい対応」と、「納品ミスがあった事実」は別問題です。相手との関係性に目を奪われると、納品ミスがあった事実が覆い隠されてしまいます。

このコメントをお客様のクレームと考えず、必要な対応や対策を怠れば、いずれとり返しのつかない事態を引き起こすことも考えられます。


相手の怒りのボルテージに気づくためには、**客観的に物事を見つめる視点が必要**です。つまり、**「ここで起きている事実は何か」を正しく認識する視点**です。この場合で言えば、「お届けすべきサンプルを届け忘れた」という事実を正しく認識することです。

そのうえで、「なぜ?」の視点で相手の行動を分析してみるとよいでしょう。

「納品に不備があったのに、なぜお客様は不満を伝えてこなかったのだろう?」

「もしかすると、そういうことをはっきりと言いにくいタイプの人なのかな」
「どういう思いや意図があってあの言葉を書かれたのだろう？」

このように**「なぜ」を掘り下げていくことで、相手が本当に伝えたかったメッセージが見えてくるはず**です。

怒りのボルテージは、その人の言動にそのまま表れるとは限りません。淡々と冷静に話しているからといって、怒っていないわけではないことも多いのです。

反対に、怒りを露わにする人のほうが、クレームだとわかりやすいので、対応しやすいと言えます。淡々と冷静に話す人ほど、不満をわざわざ口に出さず、「この人は本当に鈍い人だな。もういいか」と黙って去っていってしまうかもしれません。これが、こちらにとっては最もダメージが大きいのです。

物事を客観的な視点で見つめ、冷静な言葉の裏に隠された怒りのボルテージに気づける人になりたいものです。

44 ミスをしない人は、言葉の裏に隠された心の声に気づくことができる！

45

ミスをしない人はボトルネックに気づき、ミスをする人は表層的な現象だけを見る。

ミスが発生したとき、再発を防止するには「ここに手を打たないと問題は解決しない」というボトルネックが存在します。ボトルネックがどこなのかに気づくことも、仕事でのミスを減らし、仕事の質を高めていくうえで大切なことです。

たとえば、新入社員にミスが多いという問題があったとします。

新人のAさんは、同じミスを繰り返したために、お客様から叱られ、自信をなくして会社を辞めてしまいました。次に入ってきたBさんも、ミスが多く、お客様からのクレームをしばしば受けています。

この状況をチームで改善していくときに、「ミスが起きるのは、AさんとBさんの能力が低いからだ」と人の能力に原因を求めるのは簡単です。

たしかに、それも原因の一つかもしれません。

しかし、「ミスが多い＝本人の能力の問題」と表層的な現象だけに目を向けてしまうと、「もっと優秀な人を採用しよう」と場当たり的な対処法に頼ることになります。もし、新しい人に替えても、ボトルネックが解消されなければ、また同じ状況に陥るでしょう。チームの問題であれ、個人の問題であれ、**表層的な現象だけに目を向けて、根本的な原因に手を打たない**のは、「ミスをする人」によく見られる傾向です。

一方、**「ミスをしない人」は、「ボトルネックは何か」を必ず考えます。**

「新人のミスがなくならない」という問題に対しては、幅広い視点から原因を探ろうとするでしょう。

「もしかすると、教え方がマズかったのかな」

「スキルが身についていないうちにお客様を担当させたのがよくなかったのかな」

「会話が少ない職場だから、わからないことも質問できなかったのかな」

このように、教育や育成の仕組みや、人が育ちにくい風土にも目を向けるかもしれません。

「ミスをしない人」は、問題のボトルネックを見極め、そこに対して対策を講じるため、問題を根本的な解決に導くことができるのです。そのためには、表層的な現象にとらわれず、ミスや不備が起きている根本へと踏み込んでたどっていくアプローチが必要です。

その際、そこで起きている事象を幅広く拾い上げていくのも一つの方法です。

たとえば「チームの生産性が低い」ことが問題である場合、チーム内で具体的にどんな事象が起きているかをあげていきます。

「人によって抱えている仕事量がバラバラ」「隣の人が今、何の仕事をしているのか知らない」「会話が少なく、意思疎通が難しい」「デスクまわりが雑然としている」といった事象があげられるかもしれません。これらをリストアップし、チーム内で共有します。

そして、「どの事象に対策を講じれば、チームの生産性が最も高まると期待できるか」をメンバーで話し合います。その事象こそが、ボトルネックということです。

このときリーダー一人で考えるのではなく、多様な意見を持ち寄り、さまざまな視点から問題をとらえることで、真のボトルネックを見つけることができるでしょう。

また、**業務フローをさかのぼってみるのも、ボトルネックを見極めるには効果的**です。

たとえば、顧客からの発注への対応にミスが生じている場合、表層的な現象だけをとらえれば、「担当者のうっかりミスが原因」ということになるのかもしれません。

そこで、さらに一歩踏み込んで、業務フローを確認してみると、顧客によって発注方法がバラバラであることが明らかになったとします。

「電話での発注もあれば、メールやＦＡＸでの発注もあるし、発注フォームも統一されていない」

このような状況であれば、担当者は顧客ごとに頭を切り替えて対応しなければならず、それがミスを誘発していた可能性は高いと考えられます。

この場合、発注フォームの標準化がボトルネックです。こうして、業務フローをさかのぼっていくことで、ボトルネックにたどり着くこともできます。

ミスが起きたときに、表層的な現象だけをとらえて、場当たり的な対処を行っても、ミスはなくなりません。ボトルネックを見つけ、それを解消することで、ミスを根本的に解決することができるのです。

45 ミスをしない人は、根本の問題を見極め、対策を講じている！

46

ミスをしない人は環境の変化に気づき、ミスをする人は変化にとり残される。

個人や企業をとり巻く環境が目まぐるしく変化する今の時代。環境の変化にいち早く気づくことで、未然に防ぐことのできるミスや不備はたくさんあります。

「ミスをしない人」は、身の回りの環境や社内、顧客、市場の変化に気づき、迅速かつ適切に対応することで、変化の波を味方につけています。

部下の育成を例にあげると、かつて部下は上司の後姿を見て仕事のやり方を学んでいたものです。手とり足とり教えてくれる上司や先輩はいませんでした。上司のやり方を真似しながら、自分で試行錯誤してスキルを身につけていったのです。

しかし、今は事情が変わっています。ツールが整備され、手厚く育てられた世代は、ここを探せば必要な情報にたどり着けるという環境にも慣れています。

そうした変化に気づける人は、「後輩を指導するのに、やはり手順書はあったほうがいいな」と考えて、今の若者に合ったやり方で彼らの成長をサポートしようとするでしょう。

一方で、変化に気づけない人は、自分が指導されたとおりに指導しようとします。今の若者に合わない教え方をするため、後輩が育たないばかりか、会社を辞めてしまう後輩もいるかもしれません。


また、顧客をとり巻く環境も変化しています。

以前は御用聞き的なビジネスでもよかった対応が、今では通用しません。お客様が潜在的に困っていることや求めていることに気づき、顧客や世のなかが求める価値を提供できる人が、「ミスをしない人」です。

一方、変化に気づけない人は、時代錯誤の間違ったやり方に固執してミスを招いたり、競争力を失ったりする羽目になるのです。


ともすれば私たちは、「これはこういうものだ」というこだわりに縛られてしまいます。

過去の成功体験や経験値、既成概念、固定観念といったものが、変化に気づくためのアンテナを鈍らせてしまうのです。自分にしか関心がない人や、狭い世界で満足する人も、環境の変化にとり残される傾向が強いと言えます。

一方、**変化に気づける人は、好奇心を持って行動する人**です。いつも同じ人とつき合うよりも、いろんな人たちと交わる機会を自分からつくります。会社と家の往復だけでなく、新しい場所にも訪れてみようとするでしょう。

さまざまな経験を積み重ねることで、自分の世界が広がり、「これはこういうもの」というこだわりは薄れていきます。

そして何より、**変化に気づける人は、「今、ここ」を真剣に生きています。**すぎてしまった過去を思い煩うことなく、また、ありもしない未来を憂うことなく、「今、ここ」に集中し、堪能しているのです。

そうやって毎日を生きていれば、変化に気づくアンテナは鋭く研ぎ澄まされていきます。

また、変化に気づく力に磨きをかけるには、5S活動（整理・整頓・清掃・清潔・しつけ）もうってつけです。5Sを徹底している職場では、ゴミが落ちていたり、あるべき場所にあるべきものがなかったりすると、すぐに気づきます。職場環境の変化に対するアンテナが敏感なのです。

これからますます、私たちをとり巻くビジネス環境は大きく変化していくでしょう。産業革命以来の変化のときだとも言われていますが、この変化から逃れることはできません。そのため、その変化を敏感に感じとって対応する人と、そうでない人には、大きな差が生まれるでしょう。変化に気づく力を身につけることが、これからの時代を生き残る術でもあるのです。

人に求められるスキルも変化していきます。これから私たちにますます必要になってくる力は、「協働力」と「創造力」だと考えます。多様な人たちとつながり、ともに協働し新たな価値を生み出していく。面白いことがどんどんと生み出されてくるのが楽しみでもありますね。

46 ミスをしない人は、環境の変化に気づき、対応している！

47 ミスをしない人は自分の内面の変化に気づき、ミスをする人は自分の内面の変化に無関心。

鏡を見れば、「少し太ったかな」「今日は顔色が悪いな」といった自分の外見の変化に気づくことができます。

しかし、自分の内面の変化には気づきにくいものです。昨日と今日の自分では何か違うのか、1年前の自分とはどう変わったのか、5年前の自分とは……？

「ミスをしない人」は、**自分の内面の変化にも敏感であろうとします。**自分の内面の変化に気づくことで、いい変化は継続・加速させ、悪しき変化には修正や改善を加えて好転させることができます。

そうやって仕事のパフォーマンスを向上させ、人生をより豊かに生きているのです。

内面の変化に気づくと言っても、ただ日々を流しているだけでは難しいでしょう。内面の変化に気づける人は、自分に向き合い、自分と対話する習慣を持っています。

ある方がおっしゃったのは、**1日の終わりに、自分の心をスキャニングする時間を持つといい**ということです。1日の終わりに目を閉じて、朝からの出来事を思い出し、その時々で自分はどう感じたかを心のなかで見ていくのだそうです。

すると、たとえば「自分はこういう場面で苦手意識を持つのだな」とか、「このタイプの人には積極的に関わろうとしないのだな」といった自分のパターンが見えてくると言います。

もし、「苦手意識が原因で、ある人と距離をとり、連携不足によるミスが発生した」ことに気づいたら、その感情にフォーカスして、なぜその人に対して苦手意識を持っているのか、掘り下げて考えていきます。

そうすることで、苦手意識を克服するための解決策が見えてくるかもしれません。その解決策を実践し、習慣化していけば、自分の悪しきパターンをいいものに変えていくことができるでしょう。

一方、自分に向き合う習慣を持たない人は、自分のなかに悪しきパターンがあっても気づきません。そのため、ミスを引き起こすこともあるでしょう。逆に、自分のいいパターンにも気づかないので、それを伸ばして仕事のパフォーマンスを上げることもできません。

自分のことは、わかっているようで、意外にわかっていないものです。自分の感情を振り返り、「自分はこんなことを考えているんだな」とか、「この感情がこんな行動パターンにつながっているんだな」と気づくことは、とても大切なことです。

その効果的な実践法として、心のスキャニングはぜひ日々の生活にとり入れてください。

1日の終わりの振り返りによって、その時々の自分を知ることができるのに対し、**一定期間の自分を俯瞰して見ることで、自分の変化に気づくことができます。**そのためには、日々感じたことを記録し、定点観測する習慣も持っておくとよいでしょう。

私にとっては、12年間続けているブログが定点観測になっていますし、平日はほぼ活用しているフェイスブックもその一つです。使っている人ならご存知のとおり、今日の投稿と一緒に、過去の同じ日の投稿も見ることができます。さかのぼって俯瞰することで、自分の時間軸での変化が見えてきます。

たとえば、過去の投稿には、「新幹線を降りるときに使用した席のまわりを片づけない人がいる」といった、ネガティブな部分にフォーカスしたものが多く見られました。

ところが最近は、「タクシードライバーさんのこんな言葉が心に染みた」のように、世のなかのポジティブな部分にフォーカスした投稿が増えています。こうした自分の視点の変化、関心事の変化に気づくことができるのです。

変化に気づくことで、「それなら、自分の最近の関心事であるこの部分を高められるような仕事に挑戦してみよう」と、自分のよさや強みを伸ばし、仕事のパフォーマンスを上げるとり組みにもつなげていくことができます。

その時々の自分を「点」で振り返り、定点観測によって「線」で振り返る。また、人とダイアログ（対話）することでも改めて自己理解が深まることがあります。そこでの気づきを自分の成長につなげ、仕事のパフォーマンスを上げていきましょう。

47 ミスをしない人は、自分と向き合う習慣を持っている！

48 ミスをしない人は仕事のムラに気づき、ミスをする人は仕事のムラに頓着しない。

「午前中はバタバタと忙しかったな」という日もあれば、「午後は中だるみモードだったな」という日もあるのではないでしょうか。1カ月でみても、月のはじめや月末は、振込作業や経費精算で忙しいけれど、月の半ばは比較的時間に余裕があることもあります。仕事が発生するタイミングによって、仕事量に波があるのは仕方がないこと。そう考えて、仕事のムラをあまり気にしていない人も多いかもしれません。

「ミスをしない人」は、仕事のムラを極力なくそうとします。なぜなら、仕事にムラがあることで、ミスが起こりやすくなると知っているからです。

仕事の量が多いと、時間に余裕がなくなり、焦って作業に集中できずにうっかりミスが起こりやすくなります。反対に、仕事の量が少なく時間に余裕ができると、気持ちが緩んでダラダラしがちです。集中力の低下や気の緩みからもミスは起こります。

本書ではこれまでにも、「ミスをしない人」は割り込みに交渉する（項目19参照）、手待ち時間を減らす（項目31参照）など、段取りの実践とまわりへの働きかけによって、仕事を効率的にマネジメントしていることをお伝えしてきました。

仕事のムラに関しても、考え方は同じです。意図を持ってムラをなくすことで、ミスのない、質の高い仕事を実現することができるのです。

ムラをなくすには、ムラに気づくことから始めましょう。

仕事のムラは、普段の仕事では気づきにくいものです。「今週は慌ただしかったな」という感覚はあっても、何がどれだけ忙しかったのかを具体的に知ることはできません。

そこで、ぜひ実践していただきたいのが、**仕事の「見える化」**です。１日、１週間もしくは１カ月の仕事の実態を記録してみてください。

仕事の実態を把握したら、ムラをならす作業に入ります。仕事量のムラをならすことを、「平準化する」と言います。１日、１週間、１カ月を通して一定のペースで仕事ができるよう、段取りを組み直します。仕事が集中している時間帯や時期があれば、一部を前倒しして、比較的余裕のある時間帯や時期に行うようにします。

上司の判断を仰ぐ必要のある仕事など、自分のペースや裁量では進められない仕事も、できる限り仕事量を平準化できるよう、まわりに働きかけていきます。その際、相手へのリマインドやプッシュなどを効果的に活用するとよいでしょう。


また、仕事のムラは、仕事量のムラだけではありません。メール返信や請求書作成、提案書作成……といった仕事の質にもムラがあります。

異質な作業が入り混じることも、ミスを誘発する原因となります。仕事が変わるたびに頭を切り替えなければなりませんし、頭を切り替えたつもりでも、前の仕事の情報を引きずってミスが起きる可能性があります。

仕事の質のムラも、仕事の「見える化」で把握することができます。


ムラが把握できたら、段取りを組み直します。**仕事は同じ種類のものをまとめるほうが、ミスなく効率よく進められます。**請求書作成、見積もり作成、メール返信作業、提案書作成など、同じ種類の仕事をスケジュールの同じ時間帯に組み込みます。同じ種類の仕事をまとめることを、「同質化」と言います。

企業の業務改善を支援する場合でも、まずは仕事の「見える化」から始めます。

すると、仕事のムラの実態を目の当たりにして、驚かれる方も多くいらっしゃいます。それまで意図を持たず漫然と仕事をしていたことや、そのために仕事に振り回されていたことに、改めて気づくのです。

この気づきこそが、実は大事なのです。「これではダメだ」と気づかなければ、変えようとは思わないでしょう。悪しき習慣に気づいて変えていくためにも、「見える化」は重要な最初のステップなのです。

仕事にムラがあると、ミスが起こりやすくなるばかりか、生産性や仕事効率の低下にもつながります。仕事のムラは、「見える化」で把握し、平準化や同質化によってなくしていきましょう。

48

ミスをしない人は、仕事の「見える化」でムダに気づいている！

49 ミスしない人は仕事のムダに気づき、ミスをする人は思い込みが強い。

「働き方改革」が進むなか、限られた時間内でいかに質の高い仕事を成し遂げるのか、つまり「生産性の向上」はビジネスパーソンにとって大きなテーマです。

仕事でミスが起きれば、やり直しや手戻りが発生するだけでなく、取引中止や信頼失墜にもつながり、会社にとっても大打撃です。「ミスをなくす」ことなくして、生産性の高い仕事をすることはできません。

もう一つ、生産性の向上に大きく影響するのが、仕事の「ムダをなくす」ことです。ムダがあることで、余計な手間や時間、コストがかかって仕事効率が下がるだけでなく、残業が増えて自分の時間がなくなり、ストレスが溜まるなど、いいことは何もありません。

そこで、本書の最後に、「ムダをなくす」という観点からも仕事のやり方を見直すことをご提案したいと思います。

日々の仕事には、実に多くのムダが潜んでいます。それがわかる事例を紹介します。

ある金融系の会社で業務改善のコンサルティングを行ったときのことです。「3秒ルール」をスローガンに掲げて、残業時間の削減にとり組みました。

「3秒ルール」とは、すべての行動にかかる時間を3秒縮めようという試みです。ものを探す時間を3秒縮める、上司へ報告する時間を3秒縮める、ムダな動きをなくして3秒縮める……。「3秒くらいで何が変わるのか」と思うかもしれません。

しかし、微の集積の効果で、3年のうちに1時間半も早く帰れるようになったのです。


ある会社では、ペーパーレスにとり組みました。単にコピーの枚数を減らすのではなく、「この書類は何のために作成するのか」「本当にこの書類は必要なのか」という観点で、書類の発生そのものから見直したのです。これによって、紙のムダだけでなく、書類作成に費やしていた時間の削減にも大きな効果がありました。

また、運用面では、コピー機にケーブルをつながないとコピーできない状態にして、わざと不便にしたり、会議での資料配布を廃止したりして、ムダなコピーを減らしていきました。その結果、なんと年間で３００万円もコストダウンすることができました。

仕事のムダをなくすには、**「安」「早」「楽」の切り口で業務を見直していきます。**

「安」は、もっと安く、お金をかけずにできる方法はないか。つまり、コストダウンの視点です。ペーパーレスによるコストダウンのほか、時間もコストだと考えれば、残業削減や、探しものにかける時間の削減もコストダウンになります。

「早」は、もっと早く、スピーディにできる方法はないかという視点です。

たとえば、仕事がサクサク進むようなデスクまわりの整理整頓、メール返信のためのテンプレート、顧客からの問い合わせに答えるための想定問答集など、効率化や時間短縮の視点で業務を見直します。

「楽」は、もっと楽しく、楽にできる方法はないかという視点。

たとえば、メールの受信フォルダ内のメールを楽に探し出せるフォルダ分類や、共有データを楽に検索できるように情報を一元管理する仕組みなど、もっと楽にできる方法がないか考えていきます。

こうした業務の見直しで大事なのは、「これはこういうものだ」という思い込みをとり払い、柔軟な思考で業務に向き合うことです。思い込みが強いと、ムダに気づくことはできません。当たり前にやってきた業務に対しても、「もっと安く、もっと早く、もっと楽に、もっと楽しくできないか」という問題意識を持って見直していきましょう。

問題意識を持って仕事をすることは、ミスのない仕事をするうえでも大切な習慣です。

本書では、「ミスをしない人」の考え方や習慣、仕事の進め方を紹介してきましたが、さらに視野を広げて、「ムダをなくす」という視点でも業務を見直してみることで、仕事の生産性は格段に高まるはずです。

「ミスをなくす」ためのとり組みと合わせて、「安・早・楽」の視点もぜひ普段の仕事にとり入れてみてください。

49 ミスをしない人は、「安・早・楽」の視点で仕事のやり方を見直している！

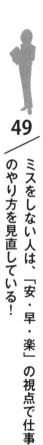

50

ミスをしない人はミスの裏にある学びに気づき、ミスをする人は何度も同じミスをする。

ミスは、しないに越したことはありません。ただし、「学び」の観点から見ると、成功よりもミスから学ぶことのほうがたくさんあります。

「ミスをしない人」は、これまでに一度もミスをしたことがない人ではありません。ミスに謙虚に向き合って、そこから多くの学びを得てきた人なのです。

成功体験から学べることは少なく、むしろ、**ミスして痛い目に遭った経験から学べることのほうが大きい**――と言うと、意外に思うでしょうか。

失敗して痛い目に遭うという経験には、自分の考え方や価値観、生き様を転換するきっかけになるような出来事が仕込まれているものです。

私の経験をお話しすると、以前の私は、人に負けてはならない、すごいと思わせねばならないと、「ねばならない」のがんじがらめで、頑張りすぎて、あるときポキリと心が折れてしまったことがありました。

また、経営者としてずっとコンプレックスがあり、「私には無理だ」とか、「できない」と言い訳を並べて、その役割を避ければ避けるほど、大きな問題が次々と起こりました。疑心暗鬼になり、人が離れ、組織がバラバラになり、人間関係のもつれも起きました。

痛い目に遭うということは、それまでの自分の考え方ややり方が間違っていた、通用しなかったということです。**前に進むためには、自分の間違いを素直に認め、自分を変えなければなりません。そのプロセスのなかに、未来につながる気づきや学びがあります。**

一方で、成功体験からは、自信が生まれ、一歩踏み出す原動力になりますが、自分を変える必要がないとばかりに、それまでと同じことを続けると、またドカンと気づかされるような出来事が起きます。

ミスを経験して、そこから学べる人と、学べずにミスを繰り返す人がいます。その違いはどこにあるのでしょうか。

ミスから学べる人は、ミスに謙虚に向き合える人です。ミスをした自分を素直に認めることができます。この謙虚さが学びにつながります。

一方、ミスから学べない人は、ミスから目を背けてしまう人です。ミスした自分を認めず、ミスを見て見ぬふりして流してしまいます。ミスから学ぶことがないので、同じミスを繰り返すことになります。これは「ミスをする人」の悪しき習慣と言えるでしょう。

ミスした自分を認められないのは、自己肯定感が低い人の特徴かもしれません。自己肯定感とは、「自分は大切な存在だ」と自分の存在を肯定できる感覚のことです。

自己肯定感が高い人は、「ミスをする自分も、自分」と肯定的にとらえることができるので、ミスに素直に向き合うことができます。

一方、自己肯定感が低い人は、「ミスをする自分はダメな人間だ」と自分の価値を下げてしまうので、ミスを認めたくないのです。それでミスした事実から目を背けます。

人生はうまくいくことばかりではありません。かといって、うまくいかないことだらけでもありません。山もあれば、谷もある。それが人生です。

それに、完璧な人間など一人もいません。いいところもあれば、悪いところもあります。そんなデコボコな自分を受け入れ、リスペクトすることは、人生の基本姿勢だと思います。その姿勢をもってすれば、ミスにも謙虚に向き合えるのではないでしょうか。

「人生において解決しないことは、何回でも追いかけてくる」

これは多摩大学大学院教授である田坂広志氏の言葉です。これをミスに置き換えれば、**ミスから目を背け続けている限り、同じミスを繰り返す**ということだと思います。

ミスは、気づきや学びを与えてくれる〝人生の師〟と考えてみてはどうでしょうか。ミスに向き合うことを恐れずに、まずはミスした自分を認めてあげてください。

何か一つでもミスから気づきを得て、その後の自分の成長に役立てることができたなら、ミスした自分のこともほんの少し好きになれると思いますよ。

50 ミスをしない人は、ミスに謙虚に向き合っている！

■著者略歴
藤井　美保代（ふじい・みほよ）
株式会社ビジネスプラスサポート
代表取締役
大学卒業後、ソニー関連の人材育成会社にて、組織活性化の研修業務に従事。独立ののち、平成14年、株式会社ビジネスプラスサポート設立。
「輝く人財づくりを支援する」を理念に、人と組織が豊かで幸せになることを実現するための、研修・コンサルティングを、これまでに約1,100社で展開。
事務改善や業務効率化コンサルティング、資産価値の高い組織実現に向けての人財開発指導を行っている。
女性活躍支援にも力を入れ、単なるスキルや知識、ノウハウを教えるだけではなく、それらを根付かせるために必要な姿勢や志からしっかり教える研修は、各地で高い評価を得ている。

著書に『「ミスゼロ仕事」の段取り術』、『「事務ミスゼロ」の仕事術』(以上、日本能率協会マネジメントセンター)、『仕事が楽しくなる！「イキイキ事務改善」』（同友館）などがある。

本書の内容に関するお問い合わせ
明日香出版社　編集部
☎(03) 5395-7651

仕事《しごと》で「ミスをしない人《ひと》」と「ミスをする人《ひと》」の習慣《しゅうかん》

2018年　4月　18日　初版発行
2018年　4月　24日　第8刷発行

著　者　藤井《ふじい》美保代《みほよ》
発行者　石野栄一

明日香出版社
〒112-0005 東京都文京区水道 2-11-5
電話 (03) 5395-7650（代表）
(03) 5395-7654（FAX）
郵便振替 00150-6-183481
http://www.asuka-g.co.jp

■スタッフ■　編集　小林勝／久松圭祐／古川創一／藤田知子／田中裕也／生内志穂
営業　渡辺久夫／浜田充弘／奥本達哉／野口優／横尾一樹／関山美保子／藤本さやか　財務　早川朋子

印刷　株式会社フクイン
製本　根本製本株式会社
ISBN 978-4-7569-1963-2 C0036

編集担当　古川創一

話し方で「成功する人」と「失敗する人」の習慣

松橋　良紀

おもしろく話しているつもりなのになぜか場が盛り上がらない、真剣に話をしても信用されない、どうしても会話が続かないなどの悩みを解決します。コミュニケーションスキルを高める方法を、成功する人と失敗する人の対比から学ぶ会話術です。

本体価格 1500 円＋税　B6 並製　240 ページ
ISBN978-4-7569-1768-3　2015/05 発行

伝え方で「成果を出す人」と「損をする人」の習慣

車塚　元章

自分は何者かを伝える「自己紹介のしかた」や人を動かすコミュニケーション、文章の書き方、報連相のしかたなど、ビジネスシーンでの伝え方をメインに、プレゼン講師として、人気の高い先生がわかりやすく解説します。悪い例と良い例の対比構造で、伝え方を説きます。

本体価格 1500 円＋税　B6 並製　240 ページ
ISBN978-4-7569-1819-2　2016/02 発行

目標を「達成する人」と「達成しない人」の習慣

嶋津　良智

意識が高く努力すれど、その努力が報われない……
そんな人はもしかしたら、目標達成の手順を踏んでいないかもしれません。
ダメサラリーマンから上場企業の社長になった著者自身の経験を交え、「目標設定」「実行力のつけ方」「タイムマネジメント」「人の巻き込み方」などを紹介します。

本体価格 1400 円＋税　B6 並製　240 ページ
ISBN978-4-7569-1669-3　2014/01 発行

仕事で「結果を出す人」と「出せない人」の習慣

岡村　進

いつも仕事で結果を出す人は、だいたい決まっているもの。それはなぜか、何が違うのか？をひも解きます。
本書を読めば、結果を出せるようになるためにやるべき行動、心がけるべき姿勢、日々の習慣がわかり、自分に不足していること、結果を出せない理由が分かるようになります。

本体価格 1500 円＋税　B6 並製　240 ページ
ISBN978-4-7569-1952-6　2018/02 発行

人前で「あがらない人」と「あがる人」の習慣

鳥谷　朝代

人前で話すのが大の苦手。声や手が震えるのを抑えるのに必死で、アドリブ利かせるとかムリ。
そんな人に、いつだって堂々とプレゼンできて生き生き見える人の考え方や行動のしかた、「あがり」の克服法を教える。「性格だからしかたがない」と思っていた人に、単なるスキルだと納得してもらう。

本体価格 1400 円＋税　B6 並製　240 ページ
ISBN978-4-7569-1931-1　2017/10 発行

「運が良くなる人」と「運が悪くなる人」の習慣

横山　信治

「あいつは運がいいから」とよく言われる人がいる。しかし「運」はどんな人にも平等に与えられているはずだ。めぐってきたチャンスをちゃんとモノにできる人、運を引き寄せやすい状態にしている人が、「運がいい人」になれるのです。本書は、運がいい人の言動と、運が悪い人の言動を比較することにより、どんなことをすれば運がよくなるかを学べます。

本体価格 1400 円＋税　B6 並製　240 ページ
ISBN978-4-7569-1869-7　2016/12 発行

転職して「成功する人」と「後悔する人」の習慣

高野　秀敏

今の会社で仕事をしていることになんとなく不安を感じていませんか。自分はこれからどこでどんな仕事をしていくべきなのか、じっくりと考えてみましょう。
「心構え」「計画」「準備」「仕事先選び」などの項目に対するヒントを、成功例と失敗例をあげながら紹介します。

本体価格 1500 円＋税　B6 並製　232 ページ
ISBN978-4-7569-1718-8　2017/02 発行

「できる秘書」と「ダメ秘書」の習慣

西　真理子

日本人初米国公認秘書検定合格のカリスマ秘書が「仕事ができてかっこいい、職場で愛される働き女子」になる方法を教えます！
バリバリ仕事をこなしながらコミュニケーション上手で気くばりも忘れない、働く女性が憧れる！マネしたい！そんな「できる秘書」の習慣が詰まっています。

本体価格 1400 円＋税　B6 並製　240 ページ
ISBN978-4-7569-1693-8　2014/04 発行

伸びる女（ひと）と伸び悩む女の習慣

関下　昌代

働く女性は、仕事だけできてもダメ。
プライベートでもイキイキしていて、人に好かれて、日々笑顔で暮らしている「伸びる女」の習慣をプライベート、仕事、自分磨き等の章を通して教えます。

本体価格 1400 円＋税　B6 並製　216 ページ
ISBN978-4-7569-1711-9　2014/04 発行

好かれる女（ひと）と面倒な女の習慣

関下　昌代

人間関係って、めんどくさい……。自身の失敗談や周囲の事例を元に誰からも好かれ、少なくとも面倒がられない自分のありかた、仕事のしかた、人間関係のつくり方を紹介します。

本体価格 1400 円＋税　B6 並製　236 ページ
ISBN978-4-7569-1752-2　2015/01 発行

「すぐやる人」と「やれない人」の習慣

塚本　亮

「すぐに動ける人がうまくいく」とよく言われるけど、「失敗するとどうしよう」などと考えると、行動に移せなくなるもの。
そんなことが続くと、自分は意志が弱い人間だと、自分を責めて、自信がなくなる一方。そういう負のサイクルに陥る人が自分の行動を変えるために読んでもらいたい本です。

本体価格 1400 円＋税　B6 並製　240 ページ
ISBN978-4-7569-1876-5　2017/01 発行

「仕事が速い人」と「仕事が遅い人」の習慣

山本　憲明

同じ仕事をやらせても、速い人と遅い人がいます。その原因はいろいろです。
仕事の速い人、遅い人の習慣を比較することで、どんなことが自分に足りないのか、どんなことをすればいいのかがわかります。著者の体験談とともに 50 項目で紹介します。

本体価格 1400 円＋税　B6 並製　240 ページ
ISBN978-4-7569-1649-5　2013/10 発行